崎岖不平人生路

—— 一个残疾人的口述实录

张复升

壹嘉出版·旧金山·2018

崎岖不平人生路 张复升著
Copyright © 2018 by 张复升
本书由张复升授权壹嘉出版/1 Plus Book出版

所有权利保留
ISBN 13: 978-0-9997514-8-0

书名：崎岖不平人生路
作者：张复升
出版人：刘雁
装帧设计：壹嘉出版
开本：150×230mm
定价：US$ 22.99
出版：壹嘉出版
网址：http://www.1plusbooks.com
电邮：1plus@1plusbooks.com
美国·旧金山·2018

作者与他的书法作品

作者与夫人合影

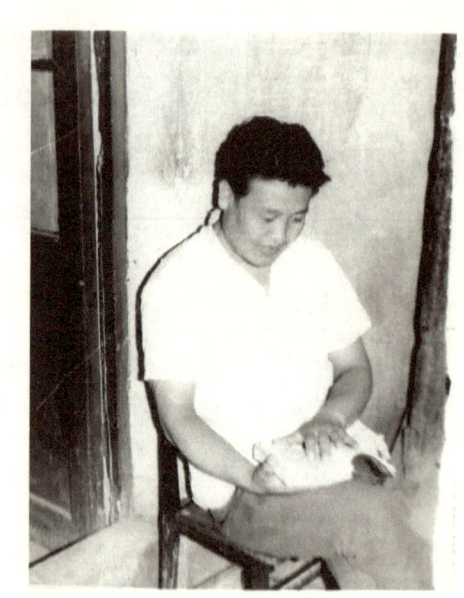

青年时代的作者

游览故宫

和学生在一起

书法课

目 录

一，张举人村 1

二，奶奶做了两件错事 3

三，一生多磨难的父亲 6

四，恩重如山的母亲 13

五，我的四位姐姐和哥哥 25

六，我无忧无虑的幼年 40

七，苦难的童年 44

八，艰苦和浪漫的高小生活 51

九，来到北京 62

十，奋发苦学获金牌 71

十一，我上了师范学校 82

十二，少年鸿鹄欲冲天 113

十三，华年折翅坠深渊 122

十四，生活重新开始 140

十五，家庭的温馨与责任 158

十六，荒唐的文革岁月 166

十七，住房问题逐步解决 178

十八，到福利厂当工人 183

十九，重回教育岗位 190

二十，以书法立身育人 197

一个残疾人的传奇人生

——怀念我的二姨父(代序)

王玮

1.

二姨父去世了。这世上又少了一个疼我爱我的人。我泪眼朦胧，看到一个十四岁的少年，骑着自行车，穿过半个北京城，去前门大栅栏廊坊三条，去找二姨父。二姨父拄着拐杖，笑盈盈站起来迎接，拿大茶缸倒一杯热茶。少年从挎包里拿出新写的作文，交给二姨父看。二姨父嘱咐二姨去门口的小饭馆去买一盘褡裢火烧。少年吃着香喷喷的火烧，等二姨父改作文。那是他吃过的最好吃的火烧。他从来没有想过，为什么二姨二姨夫每次都不吃，十一点就说吃过午饭了。

少年喜欢文学，是来自二姨父的熏陶。二姨父有一个放轮椅的小屋，里面有一个简陋的书架，是几十本文学名著。每次借一本，下次再来借。多是俄国人的书，契科夫，屠格涅夫，托尔斯泰，高尔基。有了这些书，上课变成没意思的事。数理化不学了，上课埋头看小说。灰色单调的世界变得丰富多彩。文学的梦想悄悄发芽。少年最终念了中文系，自己也写一些文学作品，都受益于姨父的启蒙。在少年的心目中，姨父像父亲一样。

2

姥姥生了四个女儿，我妈妈是老大。二女儿最有个性，在家里当儿子使，担水劈柴喂牲口。姐姐裹脚，她坚决不裹。姥姥没办法，只好随她。北京解放不久，她就只身闯北京，念了中学，然后又上了护校。她出来，把姐姐妹妹也带出来，摆脱了当农民的命运。

1961年，她分到同仁医院骨科当护士。照看的病人里，有一个年轻斯文的中学老师张老师。他半身瘫痪，大小便不能自理，痛不欲生。付护士脾气大，病人都怕她，但她唯独对张老师百般体贴，擦屎擦尿换床单，不但不埋怨，还单独用屏风围起来保护尊严。有空就坐在床边跟张老师拉家常，安慰鼓励他，也倾诉自己的烦恼。当时付护士在处对象，是同医院的一个医生。那人是回民，老礼儿特别多，每次见面都是一肚子气。半年的照料，护士姐姐爱上了病人弟弟。一天晚上值夜班，付护士给换尿管，故意挑逗揉搓，弄得张老师情不自禁，喷了护士一手。弟弟羞愧难当，姐姐却心中大喜，知道他虽然两腿瘫痪，性功能完全正常。她悄悄把张老师的手放进自己的裙子里，说我是你的人了，你不能再想死了。我要和你结婚。你瘫痪，我养你。我29岁了，比你大七岁，长得不好看，你可别嫌弃。话没有说完，那边已经泪流满面。

1962年5月，一对新人在北京的钱市胡同一间不足8米的小屋里结婚。妈妈抱着我代表娘家去参加婚礼。姥姥大病一场，睁眼是泪，合眼是泪，可怜自己苦命的女儿。第二年，一个健康活泼的男孩降生了。

3

小时候喜欢去二姨父家，因为那里有书，也可以去旁边的大栅栏中国书店看书。还有一个原因，是每次去，二姨父都让二姨去旁边的饭馆买一锅褡裢火烧。几个肉饼连在一起，烤得焦黄，猪肉馅，一咬，油汪出来。七十年代，定量供应，一人一个月半斤油一斤肉，能吃到肉饼，是天大的享受。二姨二姨父看着我吃，很满意的样子，问，要不要再买一锅？

我考上师范大学后，一个月有15.6元的伙食费。我那时有一个心愿，请二姨二姨父去饭馆吃一顿正式的饭，北京话叫下一次馆子，表达我的感恩。二姨不肯去，说太费钱，还是自己家里做实惠。二姨父更不同意，因为他坐轮椅，餐馆都没有通道可以进。他是一个极为谦逊的人，绝不肯让自己成为累赘，为难别人，也受不了周围人的目光。我拗不过，为他们难过，心里结下一个疙瘩。我结婚，他也没有来，因为坐车上楼不方便。这个心愿藏在心里，一直没有实现 。2015年我回国看他，说出我的心愿，要带他去吃烤鸭。他看我态度坚决，不忍心让我失望，不再坚持。我推着他，一路走到烤鸭店。路上聊天，他告诉我他在写回忆录，要把一生的风风雨雨悲欢喜怨写出来。我十分兴奋，许诺他联系出版事宜。他高兴地说，好。那个阳光下推车聊天的场面经常出现在我的脑海，亲切而温暖，成为永远的记忆。

烤鸭店有高高的台阶。我们几个人连人带车抬进餐厅，推入大堂，找一个大桌子坐下。这是二姨父一生第一次进入一个大餐厅吃饭(他下肢瘫痪前太穷，之后坐轮椅没有条件。同样的，他也从来没有去过电影院音乐会，坐过公交车地铁)。

2016年，母亲病危，我在医院看护。二姨父来电话，说要去看大姐。坚持不让派车去接。从蒲黄榆到东单，大热天轮椅开了快两个小时。对着昏迷中的母亲说，大姐，复升来看你来了。没有你，就没有复升。眼泪掉下来，泣不成声。二姨二姨父1962年结婚，全家都不同意，只有母亲支持，还给了他们经济上的援助。

这是我最后一次见到二姨父。2017年初，二姨父生了一场病，觉得太连累家人，服毒自尽。经抢救活下来，但是全身瘫痪，卧床不起。半年后，不幸离开了人间。

我一直认为，活，不要活在中国。如果是一个伤残人，更不要活在中国。残疾人的艰辛，不是健全人能够想象的。

4

1991年我到美国留学，有一天在街上看到了一幕寻常而又震撼的场面。公共汽车站几个人在等公车。其中一个坐轮椅。车来了，司机打开后门，升降机伸出来，司机把轮椅推到升降机上，机器升起，与车厢平齐，轮椅被推进车里。司机帮助他固定。然后开前门，让其他的乘客上车。这是我第一次看到残疾人坐公交车。车开走了，我还站在那里发呆。我想到二姨父。想到他摇着轮椅，从逼仄的小胡同里出来，每天往返十几里路去上班。他大概没有想到，轮椅也可以上公车吧？

中国的残疾人，被归入另类，不光得不到尊重和照顾，还被视为低贱和包袱，不用说坐公车地铁，餐馆商店公共厕所基本上都没法进。九十年代，连上大学的资格都没有。二姨父每天喝最少的水去上班，这样才可以忍到下班回家上厕所。这样卑微地活着，还要遭受社会包括主流媒体的各种取笑。那时候的春晚把取笑残疾人当成节目的亮点。

如果写励志故事，二姨父是一个最佳人选。当他21岁遭遇横祸导致下肢瘫痪，几度轻生。幸亏遇到二姨，使他重新燃起生命的希望，从此开始了他人生拼搏的旅程。为了能够生活自理，他每天凌晨拄着拐杖走几里路锻炼腿部肌肉。他到福利工厂打工，又重回教室任教，他自学书法终于成为北京市有名的书法老师，赢得了了众多书法比赛的大奖。他甚至以精诚感动了崇文区民政局的干部，奇迹般为家里分得了一套福利房。这些都是一个人品高洁志向远大自强不息的人用数十倍于常人的努力获得的成就。他每天摇着轮椅赶十几里路去少年宫给孩子们上课，风雨无阻，赢得了多少学生和家长的敬爱。

不过这些我不想多说。说多了就陷入了中国官方的话语体系套路，把一个政府失职社会不公的悲剧故事写成了喜剧，把一个应该问责政府的丑事变成给政府贴金的好人好事。中国有五千万残疾人。这些人至今仍然生活在社会的阴影里。虽然中国现在号称大国,世界第二,富得流油,什么奥运世博各种峰会,连年不断,风光富丽炫目夸张。可是中国有几条残疾人通道,有几个残疾人停车位,有几所残疾人厕所,有几辆残疾人可以乘坐的公交车?中国政府对不起它的残疾人公民。厉害了我的国,听着像是一个讽刺。

  二姨父走了,对于我,仿佛他是驾着他的轮椅给孩子们上课去了,还是带着他永远的微笑,带着他对生活的感恩。对命运的接受和抗争,也带着他带给这个世界的厚爱和奉献。他可以安心地去了。唯一遗憾的是,他看不到他的回忆录出版了。

  安息吧,亲爱的二姨父。

2018.9.8 美国加州圣地亚哥

一　张举人村

我生在山东省阳信县流坡坞镇张举人村,它是个百十户人家的小村庄。庄虽小但名气不小,因为庄里曾经出过举人而闻名于当地。它地处山东河北交界处。从大的方面说:距山东济南,山东德州,河北沧州都约三百里路,从小的方面讲:距县城阳信,县城东陵,河北县城庆云都相距约五十里之远,是大三角小三角的中心地。

小村庄修得很讲究,庄的围墙足有二丈之多,厚有丈余,有一人高的女儿墙,四角有瞭望楼,内有马道直通庄墙,庄墙外有一丈深的护庄河相围,庄儿只有东西两个大门,真有点皇宫之威。这是为了防土匪之用,由此证明小小的张举人庄儿是较为富足的庄子。庄中东西有前后两条大街，中间有三条胡同相通，街道整齐。庄内有张孙二姓，张姓占百分之九十之多，孙姓只在村东中一隅二条胡同内。他们都是一个祖爷爷。张举人庄儿当以张姓为主，又以血源远近而分成几大家族。我家张姓家族，是村中的主流。张姓从血缘关系的远近大致分成三支，远支是以张吉胜，张吉禄，张吉祥为一支，村中的出谋划策记账文书多为他们所承担，口碑不差，用母亲的话说，是正经的人家。另一支则是以张兴臣，张兴卓，张吉安等兄弟四人为一支，母亲的评价是不本分的人家。

  我的亲爷爷张兴均排行老二，自幼读书，后到日本留学，在日本东京都早稻田大学攻读数学专业，没有毕业就病逝于日本。我没有见过他，从相片上看是位很俊美的青年，大眼睛，鼻直口正，方圆脸型，文质彬彬。英年早逝，对于家庭和后代的影响巨大。我假设过，如果爷爷不去世，从日本学成毕业归国后，能在国内的大城市里当一名大学老师，我们全家人也就不会是农家子弟了。这就是命运，爷爷去世后留下了奶奶，和十二岁的父亲，六岁的姑姑，孤儿寡母过日子，非常困难。大爷爷和三爷爷怕生活上受连累，不久便要求和奶奶分家单过了。

二　奶奶做了两件错事

奶奶娘家住在张举人庄东,娘家的生活是很不错的。那时女孩子不读书上学,在家练习女工各种活计。奶奶自幼聪明能干,长得极其标致,是十里八乡有名的美人。在我的记忆中,奶奶已近六十岁的花甲老人,仍然是挺拔的腰板,满头银发,梳理得整齐不乱。杵着根拐杖,昂首挺胸,三寸金莲走起路来卡卡卡地,老远便知奶奶来了,精神十足,仿佛有用不完的劲。她记性特别好,听书看戏是过耳不忘,自幼我与奶奶睡觉,奶奶都会给我讲故事,总也讲不完。最喜欢讲隋唐演义,讲的是有板有眼,有声有色。每晚都在故事中进入梦乡。奶奶的口算快而准确,各种账目张口便出,分毫不差,这种善持家政的能力全庄家喻户晓。最让人敬佩的是正派,年轻守寡一生清白，持家严谨而俭朴，不容任何浪费，说一不二，家教威严，父亲和姑姑都很怕她，就连母亲和我们后辈人也惧她三分。

我的感觉是，奶奶一生做错了两件事，一件是不让父亲在外读书走出农村。父亲在青岛读到中学便回家守祖业，奶奶认为祖坟的风水遭到破坏，咱家的读书人不长寿，故不让父亲在外读书深造。祖坟在村东的高磨台地上，正对面是一个大水湾。这是一个砚台之相，预示我祖上多出读书人，但庄里的人们要到两边种地，为了抄近路，在祖坟的后面便踩出了一条小路，书墨之相被破坏了。母亲也这么说，准备以后有条件时另择坟地。后来家业败落，另择坟地的事也就没有落实。二是对姑姑的事做法是错误的。姑姑自幼受祖母严格管教，嫁给了一个书香家庭。男人在外读书，俩人感情很好，可是过门没两年，姑父因患肺病死了，没有留下骨血。姑姑年轻便守寡回到娘家。奶奶的封建思想根深蒂固，也想让姑姑仿效自己守节终生。家人和姑姑都坚决反对，认为应该另择佳婿尽快出嫁才对，奶奶不同意，为了此事家庭经常吵架。姑姑的性格不同于奶奶，没有一年，姑姑便与家中的长工好了，并怀了孩子。奶奶不同意姑姑嫁给一个长工，想尽一切办法，给姑姑打胎。以后硬逼姑姑嫁给年长她十岁的人做了填房，在我庄东十二里地的王家集。这个姑父是个朴实的读书人，很勤快，对姑姑也不错，家庭生活富足。但姑姑不满意。当时当地的风俗是嫁给小女婿，都是女大男小是佳配。但迫于奶奶的威逼，也没有办法，只好违心地生活，后来为王家生了两个女儿。姑姑在自己家中是说一不二的，一切都听姑姑的。我小的时候最爱去姑姑家做客，每次都是好吃好喝好招待。姑姑做的水煮肉片和肉丸子特别好吃，肉香盈口，使人回味无穷。临走时，还在我的口袋里装满花生、红枣和关东糖。姑姑每到年节回娘家，从不让姑父陪伴。由此可见姑姑始终看不上姑父。解放后姑姑家被定成富农，在村里受迫害，姑父不久便去世了，两个表姐也很快出嫁他村，姑姑自己过着孤独清苦的日子。

三　一生多磨难的父亲

父亲名叫张继顺，字绍堂，一生多磨难，年仅十二岁便丧父。正在读书的父亲成了家里的户主，但实际还是奶奶掌家管事，让父亲读书。当时家中雇佣了一个管家三个长工，奶奶对工人都特别客气、尊重，平常吃饭都是同桌同食。可是奶奶对于父亲却格外严厉。我听母亲说，父亲十几岁在青岛上中学时，衣帽鞋袜均由奶奶自己安排和缝制，平时的零花钱都严格控制，不能随意乱花，放假回家后，首先向奶奶汇报一切学习生活情况，花了多少钱买了什么，都要如实地汇报，剩下钱如数交回，不能中饱私囊。有一次父亲在青岛自己作主买了双较为时尚的礼服呢的小口布鞋，奶奶知道了，命父亲拿出来，当面用剪刀剪坏，并斥责父亲乱花钱。在这样的严厉管教下，父亲的性格主见性较差。祖父的英年早逝，使奶奶看问题比较偏激，父亲在青岛中学毕业后，本应继续深造，可是奶奶硬是中断了父亲的学业，令他回家守在自己身边务农。这种武断错误不但断送了父亲的一生，也影响了后辈的前途，真令人悲哀。

父亲中等身材，不胖不瘦，国字脸，五官端正，黑红面色，上嘴唇常留着当时很时尚的小胡子，常常是长衫长褂，不像农民，又不像商人，有点像教书先生。这种形象很特别。父亲的性格很直爽，喜怒哀乐都表现在脸上和举止中，很好交朋友，为人慷慨，不拘泥小事细节，但主见很差，社会经验不足，有点耳软心活。这点不像山东男子汉的性格。这完全是奶奶长期教育的结果，这样的性格影响了他的人生之路，坎坷而多灾多难，终没有成就大的事业。

父亲中断学业以后，在奶奶的指导下务农，但他只会读书，不懂务农之事，只好在村中开了学堂，从事教书之业，这倒很适合父亲。父亲教书是完全义务的，不收任何学费，只在年终时，随其学生家庭情况，接受点礼品而已。自此，当老师的名誉远播乡里。绍堂是父亲的字号，直到去世，人们都一直称他为绍堂老师。

父亲教书数载之后，自感务农和教书都不能使家业发展。受母亲娘家的影响，他认为商业可发家。这是父亲成年之后的思想飞跃。在母亲的大力支持下，父亲首先想到的是贩卖文房四宝和各种文化用品。因当时交通不方便，他自己骑自行车西行二百多里，到德州去贩运。跑了几趟自感生意不错，是教书和务农都无法比拟的。这时一直坚决反对的奶奶也不反对了。有一次从德州回来的路上，为了节省点运费，他把货都装载在自行车的后座上，在半路上车坏人伤，吃了很多的苦。这种小打小闹的生意，虽有收获但也是微薄的。一年之后父亲经过简单的商业调查，认为做糖的生意可以赚钱。和母亲商量之后，他停止了文具生意，开始了白糖、红糖的贩卖。父亲从德州用大车把糖拉回来。除了零售之外，更主要的是批发给当地的小商贩、小型蛋糕作坊，以及做糖葫芦的小生意人。当时生意还不错，家业兴旺了很多。接着父亲想自己制作冰糖出售，因冰糖的价格是白糖的几倍。他自己请师傅，买设备，在我家的西园子里办起了冰糖加工的作坊。因为设备和技术不完备，做出的冰糖不纯，只能低价抛售，损失很大，虽然没有赔钱，但也没有挣到钱。自此父亲的思想起了很大的变化，总想搞大的挣钱多的生意。按奶奶的话讲：心越来越野了。

　　后来父亲在母亲的娘家帮助和母亲的大力支持下，倾尽家中所有的财力，离开农村，在县城内开了一家银号，贷款收利息。刚开始效益还不错，在此期间家中还买了二十多亩地，家境变富足了很多。但好景不长，因时局动乱，匪患、兵患造成放出的钱收不回来，资金又不足，银号便倒闭了，赔了很多的钱。奶奶还把那二十亩地卖掉还债。为此事奶奶和父亲打闹不休。父亲实在无法忍受，便拿了五百块大洋偷偷跑到北京，想做点生意，把赔的钱再给挣回来。他在北京期间结交了个朋友。由于父亲太实在了，相信了这个朋友，把几百块大洋全给了这个朋友去做生意，然而，朋友却一去不回，把钱都给骗走了。身无分文的父亲急火攻心，病倒在北京的旅馆之中。母亲得知后，便只身来到北京寻找父亲，只带了三岁的三姐。母亲来到北京后住在姥爷的朋友家，找到父亲后，姥爷的朋友派人把父亲也接进公馆养病，在京住了约半年之久。父亲痊愈后随母亲回到老家。在家无事又开始教书和务农。

不久，母亲娘家支持父亲又创办了一个白酒作坊，专做高粱白酒和枣酒。请了酒把式和工人，在北园的后面，盖了酒厂房。为此还打了一眼水井。水井不仅供酒厂的用水，还为村西的住户提供了用水的方便，很受村民的欢迎。该井水的质量很好，非常适合白酒之用，本地又盛产高粱和红枣，因水好，原材料供应充足方便，价格低廉，品质不错，故生意兴隆，贩酒的小贩接踵而来，销售很好，这是我家最兴旺之时。

母亲让父亲每到年节之时便抬酒坛子各家送酒。做酒的酒糟村民也可以随便取用，这些酒糟是喂牲口的最好的饲料伴侣。父亲对待工人们更是宽厚仁和。这时的父亲是一生中最春风得意之时。

然而"人怕出名猪怕壮，"名声在外的绍堂老师被人嫉妒。当时时局动荡，每到晚上父亲不敢在家睡觉，怕被土匪暗算和绑架。有一天晚上，父亲正在和朋友聊天，突然土匪从房上下来，将父亲绑了票。朋友都跑了，土匪声言要大洋两千。由于很多庄户都认识绍堂老师，母亲一路打听消息，得知父亲被关押的所在后，回到娘家求姥爷帮助解救父亲。姥爷通过官方出面，土匪没敢要钱，便把父亲释放了出来。父亲没有受大罪，但是精神上受到了很大的刺激，为以后患老年痴呆落下了病根。这是父亲一生中最大的劫难，终身不忘，每当提起此事，总是心有余悸。

四十年代初，我们这里是国、共、日拉锯区，三方面都向村里安粮派款，叫吃大户。生计艰难，酒厂便关门停止了营业。一九四五年日本投降了，国共打起了内战，我们这里变成了解放区，进行了第一次的土地改革。由于对父亲的尊重，房产没有动，只是分出去了几亩地和一头牛。工作组一走，人们把分到的牛又被送了回来，口称是绍堂老师的财产我们不能要。为了使生活过得稍好些，父母想办法开了一个做粉条的作坊。作坊开在北园子的三间北房中。那时我已有记忆了，每到晚上我随母亲坐在火塘前，看着母亲把火烧得旺旺的，锅里的水烧开了哗哗直响，请来的赵师傅站在高凳子上，手里端着下有小眼的器具，里面盛满了绿豆粉浆，用力抖动着，细细的白白的浆柱流入开水锅中，刹时变成晶莹的粉条，父亲用大笊篱捞出来，放在凉水盆中，稍等片刻，把粉条再晾到木架上拴好的绳上。晾干之后，就变成了粉条。全家人都在这热气腾腾的屋里忙着，这种场面使我陶醉。最后母亲还会从里面捞一碗没成型的粉条给我，放上油盐醋让我吃，美味之极，至今难忘。父亲把晾好的粉条运到集市上去卖。父亲还在别人的指导下做醋，醋的酸香味儿充满全院。这段时期，靠着这样小打小闹维持生活，全家虽很辛苦，但用自己的双手劳动过着踏实的日子。以前那种昂扬的，想入非非的，东一头西一脚打拼的绍堂老师不见了，成为了务实的看问题很客观的真正的农民，整天少言少语地忙碌着。

一九五零年，解放军南下，全国基本上都解放了。为了稳固江山，在原解放区进行了第二次土改运动。各村进驻了工作组，复查了第一次土改的情况，落实土改的政策，搞得轰轰烈烈。很多村镇的地主富农被打死很多。我们村搞得很文明，没有戴高帽、游街的现象。父亲人缘好，为人低调，村里按人口平均每人三亩地，我家多余的地便被分出去，家里的老宅也被分出去了。但父亲因第一次土改时，分出去的牛和那二亩地又给送回来之事，被说成是搞复辟，被政府看押劳改两年，并把土地和牛没收。失去了务农的主要劳动力和耕种的牲口，家庭生活急剧下降，重担全压到了母亲一人的身上。这一切就构成了我的童年记忆：生活是苦难的，精神是压抑的。

父亲被送到山东博山一带劳动改造，因他为人仁厚和气，被分配到食堂帮助做饭送饭，故没有受很大的罪。每天父亲能填饱肚子，自感安慰，只是精神再次受到严重的打击。劳改的耻辱感使他整天寡言少语，不想和人交流，记忆力下降，更种下了老年痴呆的病根。两年后的五二年底,劳改期满后,父亲回家务农种地。五四年底,父母把我送到北京读书深造,我就离开了家。从此我与父亲的接触就很少了,只是春节回家,能看到父亲见到我时的高兴表情,但我们的语言和内心交流很少。六零年的六月麦收时节,我在北京收到家里的电报,父亲病危。我和母亲奔赶到家,父亲已是人事不醒,奄奄一息,第二天便离开了这个世界。六零年是国家灾难之年。家里买不起棺木,只好用门板钉了个大木箱,匆匆地埋藏了父亲。父亲一生坎坷多磨难,在奶奶的严厉看管下而不得舒心,青年有理想有奋斗,但皆因社会变革和动荡而受挫,没有实现自身的价值,抱憾而终。

父亲有三件事对我影响最大。在我五岁时,父亲得了场大病。在父亲养病期间,我整天在父亲的膝下玩耍,他教我写字读书,成了我的启蒙老师,对我影响极深。再一个记忆深刻的是,每到秋冬的晚上,母亲,三姐,四姐坐在炕头上,围着一盏油灯做针线活时,父亲便捧着书,斜坐在炕沿上,凑在灯下念各种故事书,有三国、水浒、隋唐演义、包公案等,我躺在母亲身后的暗影里听得津津有味,感到幸福之极。在父亲的影响下,我喜欢上了看书,令我终身受益匪浅。第三件事是,父亲认为只有读书才有出路,不论家中多么的困难,他支持母亲把我送到北京读书,我才有了今天的生活。每当想起这些,深感父亲对我恩大如天。

四 恩重如山的母亲

在这个家庭里最重要的人物是母亲。她对家庭的贡献和付出，以及对后辈的影响，远远超过父亲。

母亲名叫吴际芬，生于一八九七年六月，病逝于一九九三年的秋天，享年九十六岁。母亲的一生可歌可泣。母亲特别像姥姥，高个子，身材修长，白净脸色，瓜子脸型，五官清秀。自幼受到严格的家教，非礼莫言，非礼勿动。俗话说"大的疼小的娇，挨打受气在当腰。"姥姥对大姨关爱有加，养成了大姨的霸气。姥姥对三姨有点娇惯，三姨又得姥爷的喜爱，自幼跟着姥爷住在大城市，受到过文明教育。只有母亲自幼在姥姥身边长大，受到姥姥严格的封建教育。

就拿裹小脚这事来说，当时的社会推崇三寸金莲的小脚。由于大姨的反抗，三姨在大城市长大受文明的教育，她们都没有裹脚。母亲当时四五岁正是童心童趣，无拘无束最天真的时期，可是姥姥硬逼母亲裹脚，长长的裹脚布，生生地把脚裹起来，把脚骨裹断，用力塑造成三寸长，尖尖的形状。裹好后用针线缝起来，母亲疼痛难忍昼夜啼哭。姥姥硬着心坚持不放。因裹得太紧，脚的血液循环受阻，夏天天太热，破后发炎而溃烂。姥姥每天敷上药后，照样紧紧地裹上，久而久之，硬是把母亲的脚裹成了三寸金莲。姥姥以此为荣，逢人就夸奖母亲的小脚，母亲随年龄的增长，十六七岁时，就长成了一米七左右的修长身材，可脚被裹得不发育。母亲高高的身材，长长的腿，小小尖尖的脚，简直就像大大的圆规，走起路来摇摇摆摆，停下来就站立不稳，肉体和精神受到无法弥补的损失。这种害人的封建习俗，使母亲从小养成了顺从，忍耐，忍让的品德。母亲因自己深受其害，有痛苦的切身体会，故后来我的四个姐姐都没有裹脚，为此母亲和奶奶经常吵架闹别扭。

母亲自幼生长在官宦家庭，听到的，看到的，使她的思想远远强于普通人家的女孩。看问题较为先进，容易接受新鲜事物，看重知识，认为只有读书才有出息。母亲虽是大家小姐，但没有小姐的娇气。因自幼受到严格家教，她的性格始终受到压抑，而不能我行我素，为所欲为，总是上听父母，下让姐妹。例如姥爷每次从城市回来，都会带来很多吃的，玩的和衣服用品，母亲总是站在姥爷的身旁，目睹大姨和三姨挑选自己喜欢的物品，而等她们挑完后，等到大人的吩咐后再去挑选物品。久而久之，形成了习惯，事事都让着她们。按姥姥的话说，母亲总像个受气的小媳妇，委屈求全。

母亲家是官宦人家，外祖父吴锡九是全家的骄傲。外祖父自幼读书聪明而刻苦，以全县第一的成绩考中秀才，正准备去济南考举人，却发生了戊戌变法，废除了科举制度。在无奈的情况下，便考取了在济南的北洋新军，自此便弃文从武。由于他聪明能干，很快便提升为营长、团长。在任团长期间，因剿匪有功，屡屡受到嘉奖，更受到百姓的拥戴，被提升为少将师长。在河北保定驻防时和军阀吴佩孚相识，因都是山东的秀才，谈吐爱好上有共同语言，便成了拜把子的兄弟。

在北伐战争中，北伐军攻占武昌，作为北洋军的上将长官，他受吴佩孚命令，前去增援武汉三镇，与北伐军激战四十天。由于部下一个团长投降，武昌失守，外祖父只好化装逃回了山东惠民老家。在闲住之时，投资经商，开办了大同酱菜园，生意非常好，姥爷过了三年的安居乐业的生活。抗日战争爆发后，他积极地支持抗日，捐资五万大洋，酱菜园的生意也慢慢地不景气了。吴佩孚由于坚决拒绝在日本伪政府任职，遭到了日本人的谋杀。日本人又想到让外祖父来执掌伪政府。外祖父誓死不当汉奸，又怕遭毒手，故弃家辗转来到了重庆抗日的大后方。

在重庆，外祖父被委任为国民党的国防参议委员和政府参议员。由于国共合作，外祖父曾多次与周恩来和董必武等人会晤并相识。有一次，外祖父受蒋介石的委托到山东了解抗战情况，路过武汉，得知自己的外甥因搞抗日活动并参加了共产党，不幸被捕，外祖父利用国防长官的权利救出了外甥。外甥后来去了延安。外祖父办完事后回到重庆便辞职带全家去了上海，在上海居住了几年。全国解放后，便送两个儿子报考南京军政大学参了军。由于年事已高，外祖父回到了济南，当上了山东省的政协委员。五五年，姥爷在准备来北京找程潜和周恩来之前，不慎被撞倒，摔断大腿，无缘进京成为全国政协委员。本来身体很好的他，几年后病故于济南。据母亲讲，外祖父高大的身躯，两眼炯炯有神，人称吴锡九上将军。

大家庭规矩多，众人在一起说话，晚辈不能随便言语，更不能打断别人的话。另外，母亲的小脚使她在儿童时期就因为不能像别的小孩一样玩耍，天性得不到尽情的释放，形成了自卑示弱，遇事瞻前想后的性格。总是首先考虑别人的感受，克制和约束自己，在不影响别人的前提下来实现自己的想法。母亲是顾全大局，遇事能忍，心中有数的。用她自己的话说"有事要一人受，不要二人担。"母亲的性格对我和哥哥影响很大。

吴氏家族女孩儿多，姥爷出资办了个私塾，请了秀才教孩子们读书识字。母亲除了和姥姥学针线活，还上学识字，读了三字经，千字文，女儿经等，认识了很多字，但不会写。读书使母亲知道上学是立身之本，不读书没出息。由于姥姥的封建保守，不让女孩儿出门读洋学堂，自此中断了母亲的学习。每当提起此事，母亲都深感遗憾。母亲十八岁时，经过私塾老师的介绍，嫁给了父亲。

婚后，父母的关系很好。母亲本就有根深蒂固的三从四德、夫唱妇随的思想，奶奶的专横，使母亲真成了受气的小媳妇。结婚不久，母亲和父亲经常回娘家。父亲在姥姥家，接触了很多的亲朋好友，思想和眼界开阔了很多，对奶奶守财奴式的持家之道有了不同的想法。在母亲的支持下，父亲不顾奶奶的反对，开始走上了经商办厂的道路。

有贤惠妻子的大力支持，有母亲娘家经济后盾的保证，父亲干出了制糖和贩糖的买卖，还开过银号和酒厂，搞得有声有色，使家中兴旺一时，只是因社会变迁和时局动荡，家道才几起几落。奶奶也认识到母亲的眼光和持家能力比自己强，放心地把一切交给了母亲去支撑，自己享起了清闲。

从此后，每当家中发生大事，都是母亲奋力拼搏，挽救这个家和父亲。例如，父亲被土匪绑票之时，全家心急如焚，母亲挺身而出，冒着风险，只身到处打听父亲的下落，并亲自带着姥爷的卫兵，到土匪指定的地方谈判，使父亲安然无恙地回家。还有父亲开的银号因动乱而倒闭后，因忍受不了奶奶的责骂，他携钱来到了北京，又因轻信被人骗走全部的钱财，急病在北京时，又是母亲只身带着三岁的姐姐来北京，找到父亲，并将他接到姥爷朋友家的公馆，养好病，平安回家。更值得一提的是，母亲还在为人做事方面给父亲指点。父亲办酒厂兴旺一时，母亲让父亲为人要低调。逢年过节，父亲会给村民送酒，晾晒的酒糟村民也可随便取用喂猪。因此，绍堂老师的好名声常被村民颂扬。其实这都是因为母亲。

岁月蹉跎多苦难。母亲婚后连续生了四个女孩，快到中年也没有生下男孩，非常着急，到处求医问药，求神拜佛，求上天保佑生个男孩，以继承张家香火。为此母亲经常受奶奶的气。奶奶声言要给父亲娶二房，虽然遭到父亲的反对未能实现，奶奶的抱怨之声始终不绝于耳。

为了改换命运，母亲将四姐的乳名改成换弟，梦想着由此带来生男孩的好命；还让父亲步行二百多里地去泰山拜神求子。一九三三年哥哥降生，父母为他取乳名连弟，期盼以后再生男孩。八年后生了我，取乳名领弟。哥哥的降临，令全家欢喜之极，这是期盼已久，用任何财物换不来的宝贝，张家的根苗。故全家人对哥哥无比疼爱。哥哥也不让母亲省心，从小体质很弱，三天两头生病。为了请医生方便，母亲和哥哥常年住姥姥家，长到三四岁后才回张举人村。由于过于溺爱，哥哥的胆子很小，有时院里的鸡鸣狗叫声音大了，都会受惊吓生病。除了吃药之外，家里还经常请二奶奶去给哥哥收魂，常把全家人闹得心神不宁。

哥哥四岁时，山东让日本人占领了，日本人经常下乡清剿。为了逃避清乡，母亲经常抱着哥哥，逃到庄稼地里，风吹日晒使母亲瘦了很多。

日本人投降了，可我们这里却成了国共内战拉锯地区，村内产生了两个政权，国民党的维持会和共产党的农民协会，各自为政，向村民尤其是富裕户派粮派款，令村民苦不堪言。父亲的酒厂很快就停业了，家境也就此衰落。母亲为全家人的生活操劳之极。二次土改时父亲被扣上了复辟的帽子，被判劳改两年。家里的牲口被没收，长工被取消，没有了劳动力。而哥哥要上学，我年纪还小，为了家庭生计，母亲拿起农具，扭动着圆规式的身体，下地干活。

风吹日晒不算什么，最使母亲受罪的是三寸金莲。为了这个家，已过中年的母亲，吃尽了苦，受尽了劳累。本来是大门不出二门不迈的大家小姐，现在是一天到晚在地里劳作。耕种和收获母亲都要亲力亲为，身高脚小，踩在地里就是一个深坑，如果是雨后踩在松软的地里，两只小脚便完全陷到泥里。母亲就用绳子像捆粽子一样，把鞋捆在脚上，这样踩在泥里，不一会，脚就疼得站立不稳。没有办法，母亲只好坐在地上，把鞋袜脱掉，解开裹脚布，两手抱着变了形的红肿的小脚，边揉边掉眼泪。目睹此情此景，小小年纪的我也心疼得陪母亲掉眼泪，伸出小手帮助母亲揉脚。母亲得到安慰，咬着牙说："没关系，一会就好了，"便穿上鞋袜，捆好了鞋继续干活。有时她不得不坐在地上爬着走。

后来母亲准备了个小板凳，以板凳代脚，坐在地里干活。给玉米、高粱、谷子、棉花间苗时，母亲坐在板凳上蹭着走。六月里，天气最热的时候，要给庄稼追肥。母亲脖子上挎着一个竹筐，里面装着肥料，足有十几斤重，钻到地里，一棵一棵地把肥料撒在禾苗的根部。为了不让像刀子一样的玉米叶和高粱叶划到脸和胳膊，母亲必须把脸包住，穿上长袖长衫，更是热上加热。母亲挎着肥料筐一趟一趟地施肥，汗流浃背，湿透衣服，往太阳下一晒，全身便透出白花花的一层碱面。汗水、泪水浸泡着眼睛，母亲的眼睛总是红红的，久而久之便患了睫毛炎，内翻的睫毛把眼睛扎得整天眼泪不断，视物不清。实在忍不住了，母亲让别人用小镊子拔掉眼睫毛，才能睁开眼睛。

　　收割庄稼时就更难了。我家没有牲口也没有车，就靠母亲用一辆小推车，一车车地往家推。母亲身高脚小，本来走路就摇摇摆摆，再推上三百多斤的庄稼，身体摇摆得更厉害。为了减轻母亲的负担，我总是在车前拉车。我家最远的地离家有四里多远，过沟过坎时稍不留神就人与车都翻了。一天下来，脚疼身痛，都无力回家。如果我在母亲身旁，我就成了母亲的拐杖。到了晚上母亲用热水洗一洗脚，第二天还是照样干活。尽管这样苦和难，可母亲从没有怨天尤人，默默忍耐着一切。

　　地里的活繁重，家里的活也不是一般的女人能干的。我家西园子的房屋都是土坯蔓墙，柴草盖顶的老房子，每到夏天的雨季，房屋漏得让人心烦意乱，地上炕上大盆小盆摆得到处是。下雨天，土坯墙外面的泥容易被水冲掉下来，露出里面的土坯，如不加保护，很可能房倒屋塌，故而必须在每年的春天将屋顶和墙面都糊上一层泥草。这些活本都应该是男劳力干的，我们家只能是母亲带着姐姐和我一起，抬水，和泥，光着腿脚拼命地踩泥，别人家干一天，我们家干五六天，每天累得腰酸背痛。母亲腰间还长出了枣样大小的筋疙瘩，到了晚上躺在炕上，辗转反侧不能入睡，总要让我给她捶打，才能放松入眠。万幸，母亲的体质还不错，五脏没有毛病，只要休息一下，便又能照常干活。

解放初期，国贫民穷，很多生活必须品供应紧张，特别是盐。每到初春，母亲带着我，推着独轮小推车，到十里地之外的盐碱地里去刮盐碱土。春天的风刮得让人睁不开眼睛。母亲用小铁铲把盐碱地的土刮下来装进口袋里，饿了就啃口如同砖头一般硬的高粱窝头，喝口凉水，累了靠在背风的土坡上休息一会，继续拼力刮土。就这样，一个春天母亲要去五六次之多。把盐碱土挖回来之后，放在大盆里，放上水浸泡两天，然后把水淋出来，放在太阳下晒。水分蒸发掉之后，盆里就剩下了白花花的盐巴，供家人一年的食用和腌菜之用。就这样，逆来顺受的母亲从不抱怨任何人，独力支撑着这个家，供哥哥和我上学，我们兄弟俩的学业一天也没有中断过。

两年之后父亲归来，哥哥已经工作了，家境有了转机，生活的重担交给了父亲。但意想不到的重担又落到了母亲的身上：

哥哥的第一个媳妇在生下一个男孩的三天后死去，丢下孩子无奶可吃。全家都主张把孩子送人，可母亲坚决不同意，自己抱着孩子跑遍全村给孩子找奶喝。由于母亲的人缘好，凡是求到的人家都欣然同意。母亲还托人高价买了一只奶羊，但羊奶膻气太大，小孩不喝，母亲便熬小米粥喂孩子。好在三个月后，在北京生活的二姐因流产回到了老家，母亲就用让二姐用奶水喂养孩子，就这样孩子活了下来。

我十三岁高小毕业，因家庭出身不好，不能继续升学，也不能找工作，只能在家务农。母亲不顾一切地把我送到北京，让我寄住在姐姐家，继续读书，希望我有个好的将来。然而自建国以来政治运动一个接着一个，每次的运动都主要针对出身不好的人。五七年反右运动，五八年是轰轰烈烈的大跃进运动，为了使毛主席高兴，从中央到城市和农村，都是欺下瞒上，放高产卫星。其实都是假的，高产报上去了，国家按高产收缴公粮，这下可把老百姓害苦了，把地里的所有收获的粮食都上缴公粮还不够，只有把过去多年积存的粮食一起上缴。这样一来，一般百姓家只有靠吃糠咽菜度日，我们家更是如此。

渐渐地外出逃荒者越来越多。为了控制劳动力外流，政府规定没有土改村委会的介绍信，车站不让上车，码头不许登船。为了这个家，母亲在农闲时偷偷去要饭。她不敢在附近村庄走动，怕遇到熟人丢面子，尤其是哥哥在好几个村庄当过老师。因此母亲便奔走到十里之外的村庄去要饭。有一次母亲在西乡的一个村庄里讨饭时，被在那里当老师的堂兄碰到，堂兄十分惊讶，便带母亲在学校吃了饭，还住了一宿，用自行车把母亲送回了家。母亲在外要饭的事，这才被全家人知道。父亲难过之下，坚决让母亲到北京去找姐姐，不能全家人饿死。父亲说，"能逃一个算一个。"

这样，母亲在五八年的冬天来到北京，住在鲜鱼口南孝顺胡同的三姐家，帮助姐姐看孩子做外活渡日，总算逃出了被饿死的境地。后来哥哥托人把母亲的户口也迁到了北京。这是因为那个大跃进年代里，北京急需劳动力和建设人才，户口管理松懈。母亲在北京成了正式居民，有了口粮和副食品，她希望等我毕业，有了工作，安了家，能过一个幸福的晚年。而奶奶和父亲则在六零年先后因饥饿和疾病去世，永远离开了我们。

六一年母亲好不容易盼到了我师范毕业，分配到东珠市口小学工作，母亲的欣喜之情是可想而知的。可是老天爷真是不公平。刚过三个月，祸事便降临到我的身上：我患上了骨椎结核病，下肢完全瘫痪，离开了学校，住进了同仁医院。这对母亲完全是晴天霹雳，她心急如焚又无能为力。我出院后，住在单位分配的宣武区钱粮胡同的一间八平米的小房里。尽管房子小，但在北京总算有了自己的家，母亲略感欣慰。

这以后，母亲又负起了照顾一个残疾儿子的责任，为我端屎倒尿，洗衣做饭。为了搞好邻里关系，母亲对邻居们像家人一般照顾，对邻家孩子像亲姥姥一样亲。为了我的功能锻炼，母亲同我早晨五点起床，搬着个板凳，跟在我身后，寸步不离地保护着我，唯恐我出意外，摔倒受伤。每天陪我练到八点多，马路上人车多了才回家。这样坚持了有半年之久，等我自己能拄拐去锻炼了，母亲的辛苦总算小了一些。

　　生活虽然很清苦，但过得安逸平静。七六年7月唐山大地震，严重影响到北京。因我自顾不暇，三姐便把母亲接到了龙潭湖楼房里去住。不幸的是，母亲在九十岁高龄时，在屋内不慎摔倒，大腿股骨折断，住进同仁医院，进行了手术。因母亲的体质很好，不但耐受住了这样的大手术，而且恢复得不错，在屋内自己扶板凳上厕所。母亲在九十六岁高龄时无疾而终，结束了风雨沧桑的一生。

五　我的四位姐姐和哥哥

母亲生有四女两男。大姐张宝银，二姐张宝琴，三姐张凤英，四姐张宝容，哥哥张复明字耀宗，老儿子是我张复升。

大姐张宝银是个极聪慧睿智的人，用母亲的话说，"是个拿得起放得下的人。"大姐中等身材，圆脸大眼睛，人很耐看。命运在四个姐姐中是最好的，一生没有什么坎坷。她是长女，全家人都很喜欢她。当时的家境也不错，吃喝不愁。大姐四五岁时，奶奶要给她裹脚，遭到母亲坚决的反对，就没有裹成，大姐渡过了一个愉快的童年。十八岁嫁到了河北省庆云县的郑家，姐夫叫郑天明。郑天明是个名副其实的普通农家人，但家境富裕。和姐姐的关系非常地好，互敬互爱，真是一对恩爱的模范夫妻。婚后，他们生育了五个儿子，郑家成为人丁兴旺的的大家庭，日子越来越红火。凭着姐夫的精明强干和大姐的持家有方，郑家成了村子里的富裕户。遗憾的是，姐夫和大姐这样有眼光的人，却只满足眼前的生活状况，而没有下大力气去供孩子们上学，耽误了天资聪慧的孩子们的发挥，真是极大的遗憾。姐夫和大姐都活到了八十多岁，寿终正寝。

  我的二姐张宝琴，中等身材，圆脸微胖，性格有点内向，面对强势常自生闷气，为人处世是比较谨慎的。在父亲当教师时期，二姐跟着上了几年学，谈不上识文断字，但也能够读报看书，故而比其它的女孩子见识多，看问题比较深刻。她很注重后人文化知识的培养，可算得上四姐妹中的知识分子。十八岁时便嫁给姐夫管振鹏。姐夫自幼读书，青年时期随父亲到北京做皮鞋生意。他性格耿直而倔强，个性太强，往往自以为是。年轻的时候因和他的父亲意见不同，赌气带着二姐和孩子离开北京，回到山东老家，住到了我家，当了一名教师，自此家乡人都称他云程老师。以后他虽然回到北京，云程老师的称号没有变。

  姐夫以教书为业有三年之久，后来在他爷爷的强行逼迫下，又重新回到北京帮助他的父亲做生意。四七年的春天，二姐全家人去颐和园春游，在崇文区木厂街的家和做皮鞋生意的厂房因无人看管，被一场大火烧得精光。工人们怕承担责任都跑光了。看到家产已破，姐夫的父亲急火攻心病倒了，不久就病逝了。全家人的生活重担一下便落到了姐夫一人肩上。以后二姐夫在北京以摆鞋摊和修鞋为业，艰难地维持着生活。北京解放后，二姐夫便到国营鞋厂，当了一名制鞋工人，挣钱不多但生活有了保障，总算安定下来，这才把二姐和儿子接来北京，住在崇文区。解放初期，妇女很难找到正式工作，二姐便在家给布鞋厂做加工活，领取加工费，帮助姐夫支撑这个家，供孩子和他的四弟上学。二姐后来也由街道的五金厂，转到化工二厂家属联上班，成为了一名卖力气的洗罐工人。无论如何二姐有了自己的工作，有了工资，不再委曲求全伸手向姐夫要钱了。五九年的夏天，他们又生了一个小女儿，小名立芳，大名管兴章。小女儿给姐夫和二姐带来了很大的生活乐趣，家里充满了很多欢笑。二姐和二姐夫晚年得到了小女儿的接济，是小女儿给养老送终的。

　　二姐的儿子保仁，学名叫管兴城，与我几乎同岁，只较我小二个月。他幼年时二姐两次带他回老家，住在我家，同我一起渡过了童年生活，我们之间按理应更有一定的感情，可是后来同住京城，却断绝了往来，不知为何。保仁和他四叔五四年都在汇文中学上中学。六零年保仁考入清华大学化工专业，他四叔考入北京医学院公共医学专业。正当毕业时，文化大革命开始了，故而他们都没有分配工作，而是留校等待分配。清华大学是文革的重点，文斗武斗都是全国运动的先导，当时清华大学的化工系出了三个全国闻名的学生运动领袖。文斗后来升级为武斗，院校变成了战场，死伤学生无数。邓朴方就是在一次武斗中从楼上摔下来，摔断腰脊，终生下肢瘫痪，成了残疾人，后来成为全国残联主席。

保仁并没有卷入这激烈的文武斗争中，他作为中间派逍遥自在，还借红卫兵大串联时机，不花一分钱，周游了全国各地。后来，国家要求大学生在分配前要进行思想改造，上山下乡参加劳动，接受工农兵的再教育。他被分配到最偏远的艰苦地区——新疆，住在边防军的兵营里，和边防军一同劳动，一起生活，接受再教育。两年后，他被分配到甘肃兰州某地一个原子能化工厂，负责技术工作。

在此期间，经三姐女儿臣娥的介绍，他认识了在陕西中遥插队的刘雪明，两人交了朋友，后来相爱结了婚。刘雪明后来考入北京师范学院，毕业后留在学院出版社工作，保仁这才从兰州调回北京，在清华大学原子能研究所工作。后来因怕原子能辐射而影响后代的身体健康，再加上和研究所的主管领导不睦，工作上不愉快，保仁请调到国家专利局二处，负责专利审批工作，后升为处长。他们的单位是中央单位，这个处长不小于地方上的县团级。这又应了算命先生的话；他将来要当官，是做官的命。保仁在国家专利局工作直到退休。保仁一直和他的父亲不和，最后父子竟然脱离了关系，二姐夫病故时，父子都没有见面。他们父子闹到这么绝情的地步，是外人所不能理解的。

保仁的妹妹立芳，高中毕业后没有考上大学，经我爱人傅淑琴的介绍，来到了北京拉锁厂上班工作，后考入电大学习，毕业后由工人转正成了干部，后升到厂办主任的职位。不久她和雷国明结婚，雷国明是位警察，精明强干，由于努力工作，现升为市公安局刑侦处处长。他们夫妻两人的关系一度很紧张，近中年立芳生女儿雷森雨，二人的关系也稳定了下来。现在立芳退休，一心一意培养女儿。

三姐张凤英，乳名英子，按辈分起名她叫张宝英，三姐很不喜欢，自己把"宝"改为"凤，"叫凤英，意喻自己是凤凰中的英才。三姐长相也不一般，瓜子脸，大大的眼睛水灵而清澈，身材修长。她为人处世大方仗义，其精明强干更不是一般女孩所及的。除了母亲以外，三姐是对我影响最大和帮助最大的人，是值得我敬慕更值得我感激的人。

三姐自幼聪明漂亮美丽，被家人和亲戚朋友们所喜爱，真是一只凤凰，特别地受到父母的宠爱。三姐不同于大姐和二姐，她一直在姥姥家长大。好吃好穿不说，还受到了较好的教育，所见所闻都是些有教养、谈吐良好的官商和有知识的人。三姐幼年时期活波可爱，爱说爱笑，深得姥爷的喜爱。只要姥爷一回来，便找英子。三姐四岁那年，父亲因银号赔了钱，来到北京想做点生意，万没想到被人把所有的钱骗走。父亲急火攻心，病困在北京的旅店之内。母亲得消息后，只身带着四岁的三姐，坐火车来北京，住在老爷的朋友、山东省主席韩复榘在北京的公馆里，把父亲接到韩公馆养病近半年之久。这半年出入坐汽车或者是坐黄包车，见识各种人物与事情，更让三姐开了眼界。这种生活无形中对三姐的影响是很大的，三姐有一种与众不同的高傲气质。半年后三姐又回到姥姥家。三姐的幼年是幸福快乐的，没有受到任何的委曲。姥姥家里有为孩子们设立的私学，三姐在私学里上学识字，成了四姐妹中的秀才，能读能写。

　　三姐十四五岁时，姥爷的一个亲戚在姥姥家住。他母亲看中了三姐，多次在姥爷的面前提亲。姥爷虽对男孩子的才智不很满意，但有碍亲戚的面子，看到他们多次诚心诚意提亲，便答应了，为三姐订了婚。我父母和三姐虽然不太同意，但又不敢违抗姥爷的意思，只有默认了。十七八岁时，从姥姥家便把三姐嫁了出去，与王欣民结婚了。三姐打心眼里不喜欢他，极其痛苦，为此找一切机会和理由回到姥姥家或张举人村的娘家，就是不去惠民县城王家。在当时那种社会和家庭，她不可能提出离婚。王家很清楚自己的儿子各方面都配不上三姐，三番两次来接，三姐就是不去。父母也不逼迫三姐，随三姐之意，王家也无法。故而三姐和王欣民的婚事，是有其名而无其实。三姐为了躲避他们的打扰和姥姥的逼迫，常年住在了娘家，用这种方式来抗婚。解放后便办了正式手续离了婚。这是三姐一生的大磨难和坎坷。

　　三姐成年后，更是风采照人，谈吐举止，穿戴打扮，都是与众不同的。不管如何下地干活，备受风吹日晒，那白润的肤色永不变黑，真是天生丽质。一条长辫子编得很松散，自然地垂在脑后，身上总是穿着浅色和素格的、剪裁很合体的中式裤褂，总是那样神采熠熠，青春焕发。她在冬天从不穿厚厚的棉裤，而穿着农村里少见的毛衣毛裤，外穿非常合体的素格棉袄，头上从不插花戴绿。三姐精明强干，心灵手巧，下地干活是我们家的主力，纺线织布更是强手。她的花样设计更是别出心裁。

四八年解放军南下时，我们村住过解放军的骑兵连，各家各户都有解放军居住。三姐和四姐都很羡慕他们自由的军旅生活，二人相约准备去投奔解放军，改变自己的生活，受到父母的坚决反对。一方面父母认为女孩子不能去当兵，另一方面我们家中还真离不开二位姐姐。就这样，她们未能如愿。解放军住了三个月，便开拔南下了。狭隘思想的约束，耽误了二位姐姐后半生的前途。

一九五零年，三姐在父母的支持下，办理了离婚手续，得到了真正的自由。三姐坚决要离开农村，到大城市去寻找自己的生活。当年的冬天她来到北京投奔二姐，住在二姐家。为了生活，三姐和二姐一样做外加工活。因没有高小文凭，她参加银行和纺织厂的招工都没能如愿，真是遗憾。三姐因自己已是近三十岁的人了，寄住在姐姐家，非常不方便，总想摆脱掉这种寄人篱下的生活。在一个老乡的介绍下，三姐认识了马道良。三姐认为他有正式工作，脾气不错，虽然知道他还有儿女，但急迫的心情，使三姐没有想太远，便结了婚。

三姐夫马道良，自幼过继给二伯父为养子。他的二伯父在北京继承其叔叔的百货生意，在东单大街钱昌百货贸易商店当掌柜，三姐夫也因此来到钱昌百货工作。解放后公私合营，钱昌百货成了国营商店，姐夫马道良便从钱昌百货出来了。后辗转改行当了粮食销售员，在东单粮店上班。这是个体力活，他干得很辛苦，每当下班到家后，便坐在椅子上不想动，一切皆由三姐伺候了。和三姐结婚时，他的长女在北京刚上小学，三人住在朝阳门外南中街。这条街上住的全是回民，民族气氛很浓，住在这里不能做猪肉食品，否则会引起邻居的不满。为此他们在五五年秋后搬家到崇文区崇祯观，离二姐家不远。不久，三姐分别生下了施广，施强和小燕。六零年姐夫留在农村的孩子也来到了北京，这样前后共七个孩子，都要吃饭上学，家庭生活非常困难。三姐不但要带孩子，还要做各种加工活，挣钱维持生活，就这样完全被拴在了家里。没有找正式的工作，是三姐的终身憾事。后来三姐夫单位分房，在崇文区龙潭湖分到一个二居室的楼房，用上了煤气，是当时人们非常向往的楼房。

三姐夫的大女儿高中毕业时，面临着上大学还是尽早参加工作的选择。当时他们家庭生活非常困难，吃国家补助。单位不同意她吃补助去上大学。但三姐希望她继续深造上大学，不能因家庭困难而影响孩子的前途。三姐亲自找姐夫单位的领导谈话，宁肯不要补助，也要供她上学。结果大女儿考入了北京师范学院外语系，毕业后分到清华大学附中当了一名中学教师。三姐自己生的四个孩子都很有出息，而且特别孝顺。长子施杰文革中初中毕业，被分配到北京电器控制厂，因聪明上进被保送到上海工业大学深造，毕业后回厂当上了电器工程师。后来结婚生子，其妻是北京广播电台的副台长。他们生活美满，生有一个女儿，留学美国，是个才女。二儿子施龙电大毕业，改革开放后下海自办公司，娶妻张艳丽，是中国银行丰台支行的主任，女儿马天宇考入大连外语学院读英语专业。三儿子施强从师大历史系毕业后走入仕途，现为中国对外友好协会人事处副处长，娶了一个护士为妻，生子马一鸣，正在上中学。三姐的小女儿马淑燕，毕业于北京财经学院，毕业后留校当了一名教授。有一子叫陈一飞，后加入美国籍，现在母子均在美国。

　　我的四姐张宝荣，乳名叫换弟。四姐自生下后就不受重视，像小猫小狗那样自然生长。哥哥出生时，四姐只有四岁，刚懂事便成了弟弟的小保姆，承担起了看护弟弟的责任，吃喝都要让给宝贝弟弟，如弟弟哭闹了，四姐便要受到责备。总之她的童年是在委屈中成长。故而四姐的性格不开朗，脸上永远带着受委屈的样子。四姐身材高大，圆脸，皮肤较黑，长得还真像个男孩。四姐花季时期，姐姐们都出嫁了，弟弟又在外上学，母亲的身边只有四姐一人，成为母亲主要的帮手。在我记忆中，四姐整天做各种女工活，不知为什么有那么多的活。四姐二十岁时，经人介绍，嫁给了姐夫。姐夫家也是个殷实之家，姐夫是个自幼上学的文弱书生，中师毕业后在中学教书。四姐为自己能嫁给不论是从长相还是学问上都很满意的人感到庆幸。

可是姐夫对四姐打心眼里是不满意的。他只在寒暑假才回家，四姐感到很孤独。四姐是那种老实朴素的人，又不会哄丈夫，婆婆又整天挑三拣四的，变着法虐待四姐，公公也拿四姐出气。四姐夫全家完全把四姐当成了女奴和出气筒，每天吃饭都不能上桌，要等他们吃完了再吃他们的剩饭，还吃不饱。即便这样，婆婆还骂四姐是属猪的，饭量太大。四姐每天地里家里活总是干不完。四姐受气受罪，既不敢反抗，也无人诉说倾诉，伤心流泪无人问。总是盼着我去接她回娘家喘口气。接四姐回娘家是我的专利。

四姐在娘家住上十天半月的，便抱着做完的针线活，按时回到徐家。假期中姐夫回家，她试着向姐夫倾诉，不但得不到宽慰和同情，反而被冷眼相待。有一年深秋的一天，四姐无故受到婆婆的指责和谩骂，在屋内痛哭不止，左思右想觉得自己没有活路了，一时想不开，便上了吊，想就此结束这看不见头的苦日子。没想到绳子突然断了，四姐摔了下来。到了深夜，她又跑出家门，正准备跳井自杀，没想到半夜里竟有人来打水，姐姐看到来了人，便跑下井台，连夜跑回了娘家。父母见状大怒，天亮后找徐家问罪。徐家全家人赔礼认罪，并承诺今后改正。父亲是明理之人，他怕影响姐夫的前途，没有去深究。自此之后，徐家虽有很大的收敛，但虐待儿媳已形成了习惯。日子一长，那些保证和承诺都跑到了脑后，公婆依然是我行我素。

六零年"自然灾害，"家家无粮人人饿肚子。四姐的女儿这时已经二岁多。为了让孩子和丈夫多吃一口，她自己忍饥挨饿，可家里家外她还得拼命干活，终于病倒，腿脚肿得像象腿，脸上和上身瘦得皮包骨，圆脸变成了长脸。六零年父亲去世时，我见到姐姐变成了这样，心如刀绞，非常地难受，又无能为力。为了姐姐免于饿死，让姐夫能体谅与帮助姐姐，给予姐姐一点感情温暖，回到北京后我考虑再三，给姐夫和姐夫的学校单位去了两封信，诉说四姐在家中受虐待的情况，让单位领导督促姐夫和家人改正前情。万没想到，姐夫以四姐教唆弟弟告他的状为理由，要求离婚。四姐走投无路，便离了婚，单身回到娘家。因为自己无力抚养孩子，女儿便留在了徐家。

四姐回到娘家后，自己独立生活，虽然很寂寞，但能吃饱肚子，不再受气了。没有几个月的时间她身体便恢复好了。在村里香兰姑娘的帮助和介绍下，四姐嫁给了在黑龙江林场工作的姐夫孙凤山。六一年五月份姐姐去了东北，过上了吃饱穿暖的美满的家庭生活。姐夫孙凤山生在山东，家里生活非常困难，父母早亡，留下兄弟三人，他是长子，二十几岁便离家闯了关东。他在林场当工人，四十岁依然单身，拼命挣钱帮助老家的两个弟弟，过上了富裕生活。四姐和他结婚后，两人有了美满温暖的家庭，非常地知足。

姐夫是个老实淳朴的好人，姐姐对姐夫也很好。四姐能当家做主了，心情舒畅，没过几年为他生了一女一儿，女孩叫美玲，男孩叫长林。后来她们又把哥哥的大儿子贵昌也接到了东北，为他找了工作，成家立了业。姐夫六十多岁时患了癌症而病故。四姐老年幸福，八十多岁时病逝。因去火葬场的路无法通行，林场领导特批土葬，给做了上好的红松木棺材；在下葬的当天，全厂的职工家属约有二百多人为其送葬。这是四姐老实为人厚道的结果。天道助善，好人有好报。应了老人的一句话："年青受罪不是罪，老来享福才是福。"最后来看四姐的离婚再嫁是正确的，是命运的转折点。因我的两封信使四姐离婚，常让我感到愧疚，现在看来是做对了，这样我也感到内心安宁了。

四姐的女儿美玲成年后，与当地青年结婚，现全家搬迁到河北唐山首钢钢厂安家并工作。她们有一儿子考入北京工业大学，毕业后分配到北京某公司工作。四姐的儿子长林，继承父业依然留在东北林场，以种植业为生，有一女孩，正在读高中，生活自由而安定。我哥哥的儿子贵昌在东北娶妻生子安家，小夫妻克服一切困难供两个女儿读书。她们大学毕业后，正赶上改革开放，二姐妹来到北京打拼创业，都很成功，不但自己在北京买了房子买了车，而且给父母也买了房子。贵昌全家现在都生活在北京通州区。他们的幸福归根到底都是四姐的功劳。

我的哥哥张复明，字耀宗，取光宗耀祖之意。乳名连弟，长我近九岁。哥哥的出生，给父母和全家带来无限的希望和欢乐，哥哥的童年是幸福甜蜜的的。

哥哥到了上学的年龄，母亲让其常住姥姥家，因姥姥家里有私学，条件很好，放学后又能和二位舅舅一起玩耍学习下棋。哥哥的学习生活是愉快的，吃穿是优等的。没有干过活，更没有下过地，只需要用心读书。故而哥哥的学习成绩和知识面，都优于同龄的农家孩子。

哥哥十几岁时，父母便把他送到北京住在二姐家，重读了五六年级，并上了中学，家中按时给哥哥寄钱。还没有毕业，二姐家因失火而破产，哥哥也随之辍学。无奈之下，姐夫托人让哥哥到鲜鱼口的一家修表店当学徒，想学一门手艺，留在北京生活。当学徒是很苦很累的，哥哥自幼没有吃过任何苦，这使他度日如年，非常地不适应。父亲心疼哥哥，便让哥哥回了老家，自此结束了北京的学习生活。当时哥哥还曾接到二舅的信，让其到南京去考南京军政大学。父亲心疼哥哥，没有再让他离开父母。然而父亲的做法是断送了哥哥的前途，悲哉，痛哉。一年后哥哥结了婚，媳妇在生贵昌时便死了，留下了贵昌，更给母亲添了累和苦。直到二姐从北京回到家后，贵昌吃二姐的奶，才度过了难关。后来父母让哥哥考入阳信县初级师范学校。其实当时家中很需要有哥哥来支撑，但母亲认定读书才有出路，再苦再难，也要让哥哥读书上进。即使在第二次土改时期，父亲被判复辟罪，被劳改二年，家里没有了劳动力，哥哥很想退学，母亲都坚决不答应，任劳任怨，支持哥哥上学。哥哥毕业后开始了教师生涯。是母亲的伟大成就了哥哥。以后哥哥又娶了嫂子，嫂子和哥哥的关系很好。

嫂子的娘家是个新兴起的大家庭，嫂子有三个哥哥和一个妹妹。大家在一起过生活，没有分家单过，这样便组成了一个大家庭，共计有二十多口人。兄弟四人分工合作，大哥炸油条，做烧饼，生意很红火。二哥是个赶大车的把式，有骡马三匹和一辆胶轮大车，用来跑运输，生意非常火爆。三哥和四弟在家种地务农，在耕地收割最忙时，全家便都一起劳动，在农闲之时，便各负其责。人多力量大，故而全家日子过得非常红火。

嫂子全家都是很实在的老实人，对我们家的帮助很大。每到播种收割的农忙时候，嫂子便把娘家的人请来，连人带牲口和大车、农具一起来帮忙，才使我家能适时播种和收获，不误农时。我们全家都很感激他们。哥哥和嫂子之间的感情不错，共生了四个姑娘，迎春，玲玲，珍珍，红霞。

哥哥晚年时，因三个女儿均在北京通州区安了家落了户，老两口在老家无人照顾，便全家搬来北京，在大女儿迎春家寄住。哥哥不适应北京的生活，不久生了病，不治而亡。嫂子在三个女儿的照顾下，晚年生活无忧无虑，身体很好，年近八旬无病无痛，很有福气。愿嫂子福寿双全。

　　我是父母的老儿子，上有四个姐姐，一个哥哥，排行老六，一九四零年腊月十七日出生在山东省阳信县流坡坞镇张举人村，取名张复升，乳名领弟。自己回忆一生的路，是坎坷不平病魔缠。在二零零九年的六月份，因腿部骨折，我住进北京东方医院，手术接骨，在病榻上感慨至极，故写下了几句诗，自叹一生的不平：

　　　　少年鸿鹄欲冲天，华年折翅堕深渊。
　　　　中年书法有转意，老年腿折又受罪。
　　　　自省终生无愧事，道德为本永不弃。
　　　　愤呼老天可睁眼，为何总鞭无罪人。

六　我无忧无虑的幼年

　　父母中年得子，无比喜悦。我出生的时候正值旭日东升，故取名张复升。用奶奶的话说：长相特别的福态，白白胖胖，大眼睛双眼皮，不笑不说话，一笑俩酒窝，特别地招人喜欢。四个姐姐和哥哥这时都已长大，我和大姐的次子、二姐的长子同岁。据姐姐讲：当年不知何方来的相面先生，说我长相福贵，但命有苦难，脑门不宽阔，心胸不豁达，人中较短可能不很长寿，但生有女相有人疼爱。当时父母和家人并未重视此说，现在想起来算命先生的预言很准确。

　　幼年的我既享受父母娇爱，又享受了姐姐们的庇护和关爱。尤其是三姐和四姐对我疼爱有加。当时正是抗日战争时期,社会的动荡,使我们的家境大不如从前。因我是小儿子,在家中备受关爱,故我的幼年是愉快和幸福的。尤其是三姐因婚姻的失败,常年住娘家,对我如同对自己的孩子一样。因我长得像小姑娘那样清秀,她就总把我打扮成小姑娘的样子,穿花衣,扎小辫,领着我在村里玩耍,招得村民称赞,并说我长得像三姐。不但如此,姐姐还把我管在她们身边,不让我在村里疯跑,使我失去了男孩子的野性,不会打架骂人,整天在二位姐姐的眼前转来转去。

夏天我常坐在通风的门道里,看着姐姐们做针线活。她们同时也让我学着穿针引线缝来缝去,有时不当心,针扎了手,疼得我直哭,姐姐便把我的手放在她们的嘴里,用力吸着手上的血,直到我不哭为止。姐姐们纺线时,会让我用一根高粱杆,给她们搓棉花卷,供给她们纺线使用。我看着纺线织布,很好玩,等姐姐们不在时,便试着纺线和织布。有时候弄坏了,姐姐们也不责怪我。三姐从小在姥姥家长大,学会了织毛衣。三姐在秋冬之时穿的是和城里人一样的毛衣和毛裤,天再凉,她也不穿棉袄棉裤,而会穿上长袍,围一条长长的大毛围脖。村里大姑娘小媳妇们都效仿她,都与三姐学织毛活。我在三姐的影响下,也学着织,首先织小筒,然后用上下针织片,久而久之,我便学会了织毛活,性格也更文静了。

我小时候在奶奶身边长大,奶奶非常节俭,常讲:"吃不穷喝不穷,算计不到就受穷,生活中的点点滴滴都应算计到,不能大大咧咧，把手张大，一切财富都从手指头缝中流掉了。"母亲和姐姐们经常背着奶奶给我做小零食。炒玉米花，炒咸豆，还用过年时买的关东糖再做成咸芝麻酥糖。当发现我吃玉米窝头难以下咽时，便用白面加点糖，做长条卷，然后把它放入灶堂内烤熟，形似麻花，给我改善生活。奶奶看到后就发脾气，说母亲和姐姐不是过日子的样子。当时的我不理解奶奶，反而对奶奶不满。

　　我们家在村外和西园子中都有很多枣树。每年秋后，把收获的枣摘下，放在场院里晒干，用口袋装起来放在老宅粮屯里，让孩子们随意吃，等到过年时，拿到集市上卖掉。我和二姐家的孩子保仁两人总想吃枣，当时六岁的我和保仁，登着板凳，再上到靠粮屯的织布机上，从织布机上爬到粮屯里去偷枣吃。现在想起来总觉有趣，还为当时的才智而自豪。

　　我五六岁时，奶奶住在老宅的北座里。奶奶很喜欢我，总让我陪她睡觉。我心里虽不情愿，但奶奶的命令是不敢违抗的。每天晚上，躺在奶奶的身旁，望着漆黑的房顶，便要求奶奶给我讲故事。讲故事是奶奶的特长，她虽然不认字，不读书，但特别喜欢听书看戏。奶奶的记忆力特别强，过目不忘，肚子里储存了很多的故事。为了笼住我给她作伴，奶奶便每天晚上都给我讲故事，我听得津津有味。尤其是隋唐演义和包公案，更是百听不厌。奶奶讲起故事来绘声绘色，更使我着迷。通过故事，我懂得了善恶报应的道理，明白了孝顺是一个人最基本最高尚的品德。这些传统的道德伦理，在我幼小的心灵中深深扎下了根，对我今后做人的影响极大。与此同时，奶奶的故事也对我起到了文学启蒙作用。我很感谢奶奶。

我五岁左右的时候父亲得了一场重病，父亲养病康复身体的这段时间，是我享受父爱的黄金时光。父亲成了我的启蒙老师，以书法字帖为教材，教我认字，写字。父亲是教过私塾的教师，把字义讲得很深很透，使我印象深刻。父亲还教我一百以内的加减法，教我九九乘法口诀。很快百内的加减法我稍加思考，便张口而出结果，而且精准无误。母亲又托三姨在济南买回一本图文并茂的儿童德育歌，大概有五十多首童谣。父亲教我每天都念和背，最终使我能倒背如流，还能讲解其中意义。父母最爱看我那摇头晃脑认真背书、讲书和讲故事的样子，只要有机会就让我在外人和亲朋好友面前表演，显露我的才智和聪明。邻居们都称我是神童。再加上我长得清秀可爱，故而人见人爱。每到夏天暑伏天的傍晚，家人们领着我和村民们一起乘凉，街坊和邻居见到我，便会围拢来考验我的算术能力和背书的本领，七言八语地给我出各种题，我总是张口便出结果，准确无误，使大家拍手称赞，我便也洋洋得意。一至六岁是我最幸福的童年时光。

七　苦难的童年

六岁以后我便到村中的小学开始了小学生活。因我受过很好的学前教育，学习很轻松，成绩在班内无人能比。这时候第二次土改开始了。父亲因复辟罪，被劳改二年，家中失去了劳动力。哥哥在外上学，母亲和二个姐姐支撑着这个破产的家庭，我的生活自此完全改变。全家都住进了西园子，生活一落千丈，回到了吃糠咽菜的苦日子，一年到头除了年节吃两顿白面，其他日子只能粗粮加糠菜维持生活。

年幼的我对此极不适应，经常为吃饭而掉眼泪，母亲和姐姐再心疼我也无奈。而且，我也开始成了家里的半个劳动力，农忙时跟着母亲和姐姐披星戴月在地里干活。我自幼特别听话懂事，再苦再累也从不向母亲诉说，而且还特别心疼母亲，看到母亲因脚小吃苦受难的样子，我特别心疼，总是想办法尽可能减轻母亲的痛苦。母亲推车时我是纤夫，母亲走路时我是拐棍，晚上更是母亲的按摩师，给母亲揉背按腰搓脚，减轻母亲劳累一天的痛苦。跑腿走路的事情我总冲在前面替母亲去干。

没有牲口帮助干活，是我家最大的困难。种地收割那些大活，自己干不了的，我们请亲戚帮助。需要磨面推碾子时便只有到村里到处求爷爷告奶奶地向人家去借牲口。奶奶年迈，姐姐们又是年轻的妇女，只有母亲和我去。有时母亲过于劳累了，只有让我去求借。说心里话我是极不愿意去干的，但心疼母亲，只好去。尽管我的人缘好，有时也要跑好几家，才能借到。第二天把牲口牵来磨面推碾后，要把牲口喂饱后再给人家送回去，再千恩万谢地说好话。

后来，家里买了头弓背小毛驴，我便成了饲养员。中午放学后，放下书包，便挎上竹筐拿起镰刀，到村外庄稼地里去割草，挖野菜或者去捋树叶，从不偷懒，每天都是满载而归。青草喂养小毛驴，野果和树叶掺到粗粮里做窝头或贴饼子，这样不仅能改善口感，还能节省粮食。有时还用来熬素菜汤，改善生活。这些本来是喂牲口的东西，但是为了充饥不得不吃。为割草、挖野菜和捋树叶，曾让我经历过生死攸关的考验。

记得九岁多时，我和村里的伙伴结伴到五里地之外的地里去挖野菜，正挖得高兴的时候，突然西北刮起了沙尘暴。狂风大作,沙子打在脸上生疼,眼睛睁不开,我们根本站不住,被刮得像皮球一样在地上随风滚动。地里的庄稼和树木,被刮得随风狂舞。碗口粗的大树被拦腰折断,天昏地暗,恐怖之极。也不知过了多长的时间,风暴才过去。我被刮到半里地以外的土坡下,离大水湾很近,被土坡挡住了,否则刮到水湾里定会被淹死的。手里的镰刀和筐不知去向,其他小伙伴被刮到一个土坑里。不一会,母亲、姐姐和拄着拐棍的奶奶高喊着我的小名,来找我了。我一见到母亲便嚎啕大哭起来,母亲也陪着我哭了。

还有一次,我现在回忆起来都心有余悸。那是在春天,榆树钱最茂盛的时候。下午我放学后,像往常一样,提着竹筐和绳子去村里面撸榆树钱。我在一颗较粗的大榆树下站住,仰头望着茂盛的榆树,随着风吹不停地摇摆,我很高兴,以为晚上可以吃到很好吃的榆树叶窝头了。我脱掉了鞋子,光着脚,很快便爬到了高高的树上。为了撸到最好最多的榆树钱,我不顾危险上到了树梢的最高处,一只手抓住鸡蛋粗的树枝,脚上踩的也是鸡蛋粗的树枝,另一只手解下拴在裤腰上的绳子,把竹筐拉上来,挂在树枝上,便拼命撸起来。随着动作,脚下的树枝上下颤动。突然,树枝断掉,我便像只猴子一样,一只手抓住树枝,打起了秋千。

这时的我离地足有三丈多高,一旦手抓的树枝也断了,我就会从树上掉下来。我心里慌了,大声呼救,无人答应。万般无奈之下，我另一只手下意识地抓住了另一树枝，用力卷起两腿，踩住一个稍粗的斜树枝，才摆脱了危险。从树上下来后，我小脸吓得煞白，手脚直哆嗦，挎着半筐子榆树叶回了家。母亲见状问我原因，听后直念佛，告诫我以后一定小心，别冒险，注意安全。

这以后我仍然去挖野菜，撸树叶。春天有榆钱，柳芽，五月有槐花，秋末冬初还有亚麻籽，把麻籽洗净，用开水焯熟，用盐腌上，做上一大盆，冬天可以吃很长的时间。

六七月份，除了野菜外，最好吃的是榆树叶。一天下午放学晚了，天都有点擦黑了，为了让姐姐给我做酱爆榆叶，不顾天黑我爬上一颗茂密的大榆树。由于上次的教训，我没有爬到高处。没想到树叶茂密，我一伸手便抓住了一个小碗口大的马蜂窝，手还没有缩回来，马蜂便倾巢而出。我无处躲无处藏，手上脸上落满了马蜂，一阵狂蜇，疼得我嚎啕大哭，从树上跳下来，倒在地上翻滚不止。等回到家里，我的脸肿得五官都分不清了，双手肿得像发面包子。母亲和姐姐手忙脚乱得给我脸上手上抹黄酱。那天疼得我连饭都没有吃，一夜哭叫不断，一个礼拜都没有上学。

总之，童年时期的苦难使我终生难忘。

常言道："患难见真情。"在我家败落和最困难的时候，大部分的村民是友好和善的，对我们没故意落井下石，尤其是同村的张吉祯，他是父亲的挚友，他儿子张复山与哥哥同是教师，又是有共同言语的好朋友，对我们家人的帮助很大，有求必应。也正是他利用在村里的特殊身份（一直是我村委会的会计），在我和母亲的户口迁出时帮了大忙，这份情义是我终身不忘的。

四年的高小生活，我在学习上一直是同学中的佼佼者，老师很喜欢我，我从未受到过体罚。由于家庭的变故，母亲无力管理我的学习，我的劳动多于学习，但成绩依然是名列前茅。当时二姐带着保仁在我家居住，管我们每天练习毛笔字。每天早晨上学前要先写两张大字，如果写不好，二姐就拧嘴巴，有时我和保仁的脸蛋子青一块紫一块的。二姐对我们的要求很严格，使我们的书法进步很快，字写得工整，更让老师喜欢。这为我以后走上书法之路打下了坚实的基本功。

在这四年中，我迷上了听书和看书。每到农闲时，村里有请人说书还愿的风气。说书的在村内一说就是一个多月，我白天上学，晚上就去听书，天再冷也不放弃。说书人个子不高，一把扇子，一块惊堂木，口齿伶俐，绘声绘色，举手投足还带着武术的动作和身段。随着故事中的人物性格不同，他表情和声音在不断变化，扣人心弦，让人越听越爱听。自此后我就爱上了武侠小说，让哥哥找书来我自己看。只要在农闲时，我除了上学和练字就是看书，怕母亲叫我去干活，就藏在柴房里，一看就是半天。在农忙的阴雨天，不能下地干活，我就在炕上看小说，感觉特别地美，肚子饿了掰块凉窝头，边啃边看。我们家中没有新书，只有几部旧小说，都是爷爷在时买的。爷爷去世后，奶奶保存下来两大木箱子书，有中文的，外文的，有精装的，平装的，还有古书。小时候我虽看不懂，但爱在书里翻来翻去瞎看。家里有这么多的书，我感到非常自豪，因为这是别的孩子家里没有的。但在第二次土改时，工作组来家里清查所谓的反动物品，实际上是清查金银财物。我父母非常害怕，怕那些书被翻出来带来灾难，就用那些书当柴烧来做饭了。还好父亲把那些小说捡出来藏在猪圈里，躲避过清查，这些小说就成了宝贝，我一直保存着，从不借给他人看。这几部小说成了我童年时期的精神食粮，是我在极端苦难中仅有的一点幸福的享受。书能养人真是名言真理。看书不仅让我获得了知识和快感，而且使我的性格和气质有了很大的变化，与一般农村孩子大不相同。

在我儿时还有几件事，是我印象深刻，始终不能忘记的。

在我刚刚记事时，农村有吃大户的风气。那年的春天，保仁和小朋友发生争执，头被打破，因消毒不利，得了破伤风，发高烧，生命垂危。二姐和家人们都非常着急，想尽办法请大夫治疗，才刚有好转。一天早晨，突然有二十个人的刘村村民，敲锣打鼓来到我家门口，要求我们全家给他们做饭吃，否则就在家门口敲锣打鼓不走。因保仁的伤口最怕震动,急得二姐要和他们拼命。在万般无奈的情况下,答应了他们的要求。全家动手给他们烙大饼,分发给这些人,足足忙了一上午,他们才走。这种事情各村都有。这是各村的农会有计划地发动的,用此手段发动村民与大户争斗。这种吃大户风潮,在当地很快风靡起来。我们家这个春天总共应酬了四次,家中细粮均已用光,全家人只有粗粮过日子了。

　　日本刚投降,我们山东地区依然是国共的拉锯地,白天是国民党维持会的天下,晚上便是共产党农会的天下。八路军为了晚上进村方便,让农会领着人们把村围墙扒得乱七八糟,成了残垣断壁。还有各家养的狗,晚上总是乱叫,影响了八路军晚上的出入,八路军便组成了打狗队,进村打狗。一天我在二奶奶家玩,打狗队的人手持棍棒,闯入二奶奶家,二奶奶家的大黄狗被堵在门洞里,打狗队员们的棍棒像暴风雨般打过来,大黄狗顿时脑浆迸裂,鲜血满地,使我不敢目睹。我家的小黄狗也整天四处躲藏,不久也病死了。就这样,各村的狗几乎灭绝了,从此后村子一片寂静。谁也想不到,狗竟成了国共政治斗争的牺牲品。这些事,让我记忆犹新,终身难忘。

八　艰苦和浪漫的高小生活

四年的村中初级小学教育结束了，很多同学都停止了学业，小小年龄就成了小农民。父母要求我继续求学，必须考到镇里唯一的高级小学上学。初级小学的毕业生人数足有几百人，要想上高级小学，必须经过严格的考试和选拔。一九五一年新中国政权刚建立，经济非常困难。全镇唯一的高级小学也是刚建立，各方面条件都很差，当年只招收一个班五十人。我村只有三人考上：我和张吉月，张复瑞。我的年龄最小，十一岁。他们二人都是十七八岁了。张吉月是个很有才华和上进的人，我很佩服他。他的功课很好，尤其是语文和作文，比我强多了。

高级小学开在一个很大的四合院。东南西北都有五间房，院子显得很大。东南房的前面有一棵大槐树，上面挂了个小钟，钟一敲周围都能听到。据说此院是驻军队的，解放后改为学校了。我班五十人，把教室挤得满满的。班主任是张复山，兼任小学的教育组长，因没有校长，学校各方面都由他来主管。

我住校，因我村离学校有五里地之远，来回一趟很不方便。学校要求五里地以上的学生必须住校，每周六下午放假回家，周日下午必须返校上晚自习。每周每人从家中背来十斤玉米面和足够一周的咸菜，每月交一元钱的煤火费。每天早晨七点到校，先排队做早操，然后上课，十二点放学吃午饭，中午休息，下午一点半上课，四点半放学，晚饭后，六点半晚自习。一天两顿饭，都吃玉米面窝头和自家带来的咸菜。冬天尚可，夏天咸菜都长了霉毛，也得吃。

教室和宿舍内都没有取暖设备，冬天特别冷，冻伤手脚是必然的，我经常脚后跟受冻肿得老大，走路时疼痛难忍，手也冻得像红萝卜一样。每个人家里都给做了一个棉袖，套在手上取暖用。学生宿舍在校外五十米外的岳家大院里的空房中，八个人睡在一条大炕上，另外两间是房主堆放杂草和杂物的地方。为了取暖，我们都盖得很厚，八个人挤得很紧，翻身都很困难。同村的张吉月、张复瑞都比我大，为了保护我，他们让我睡在他二人之间。晚上睡不着时，我便和他们聊天。深夜里老鼠窜来窜去，柴草乱响，夜里自己不敢上厕所，有尿只能憋住，很难受。夏天人多天热，又有跳蚤和臭虫，咬得浑身是大包，难以睡眠。

晚饭后到上自习还有很长的一段自由活动时间，在校的同学们便三一群俩一伙地去逛街，到商店里买糖豆，夏天买瓜果小吃。我因自己家庭困难，手中无钱，心里很不是滋味，无奈跑到球场去看打蓝球，或者到树林里和草地里去瞎玩，以消磨这段自由时间，感到很孤独无趣。

两个半小时的晚自习开始，大家都按时回到教室，两张课桌一对，四人一组。中间放着用各种瓶子做的煤油灯，煤油是大家凑钱买的。晚上自习，主要是做白天留的作业或看书。最怕的是抄作文，老师要求必须用毛笔抄写，夏天还好，冬天最麻烦，天寒地冻，只有哈气解冻，一篇作文要用很长的时间才能抄完。

作文是我最弱最差的一门课程，从未获过优良成绩。我的数学最好，学得最轻松，作业很快都能做完，多出的时间我就做哥哥给我买的课外数学题，越是难题我越感兴趣。张吉月和张复瑞不会的题，我都能给做出来。历史和地理，我就耍小聪明，靠记忆力好，学起来也很轻松。因年纪小不太懂事，当时我不是很用功，在班内学习一般。除了上课和上晚自习，课余时间就是想着玩，不看其它课外书，当时也没有课外书籍可读。晚上九点下晚自习，然后在院子里排好队，集体唱歌。在那静静的夜晚，嘹亮的歌声传出很远很远，打破农村夜晚的寂静。唱完歌才放学，同学们蜂拥出校门口，跑着跳着大声喊叫着，晃动着手中的手电筒，同学们用光柱打着闪电战，在漆黑的夜晚，真是一种奇特美妙的夜景。同学们各自回家，我回宿舍睡觉，做各自的美梦。

上课时老师要求做听课笔记。各科的笔记本我都是自己买大张的文化纸，按要求的规格大小裁好，再用针线装订好，这样做比买现成的笔记本，能节省很多钱。钢笔水也是自己做，我用买来的颜料，按比例加入盐，然后放入开水，就可以了。我把自己做的很时尚的硬皮本，送给了哥哥一本，他一个劲地称赞我心灵手巧。我自己把另一本装在自己口袋内摆样子，舍不得使用。不到半年哥哥那本用完了，便向我讨要我那本，我心里虽然不情愿，但也很爽快地给了哥哥，我很崇拜哥哥。

五二年的秋假后，我哥也调到了流坞坡镇高小当老师。当时我已是十二岁的少年了，我的长相和语言举止，在同学中很是出众。我性格文静似小女孩，说话举止又很文明。春夏秋的日子里，我总穿着月白色的中式衣服，下身穿着深色的合体的裤子，三姐帮我精心修剪的小分头自然的飘动。我们的音乐女老师非常喜欢我，课下经常叫我到她的宿舍里去玩，让我帮她干这干那，有时候让我帮她洗头。开始时我真有点不好意思，慢慢地也习惯了。

当时有个比我低年级的小女孩叫岳曼玲，年龄和我相仿，个子也和我差不多，大眼睛很秀气，爱说爱笑，跳舞唱歌都很出色。她演的小放牛，非常生动，是学校艺术团中的佼佼者。

她家住东镇，与我们的宿舍门对门。她特别喜欢和我在一起玩，只要一下课，她就满院子地找我，和我打闹。凡是早操和晚自习后，排队时，她必须靠着我，如果别人占了她的位置，她就用力把别人推开，主动拉住我的手，我挣都挣不开。她很开朗，主动找茬和我说话，在众目睽睽之下，我真有点不好意思，可她一点都不在乎。在同学不注意时，她总是伸出那纤细润洁的双手轻轻地拍打我的脸，一会儿又笑着跑开。那年夏天的中午，我吃完饭后回宿舍休息，在宿舍门口碰到了她。她拉住我的手，强拉我到她家，爽快地笑着说：没有事，就是想让你到我家坐坐。她家中简洁整齐，不像普通农家的屋里杂乱，她随即从抽屉里拿出两块月牙样的糖块，很麻利自然地都塞到我的嘴里，又象往常一样拍了拍我的脸，一动不动地捧住我的脸，四目相对只是微笑。这时她母亲从外面回来了，她才松开手，对她母亲说，这是我同学。我很礼貌地站起来，叫了声婶婶。曼玲母亲看了看我，点点头微笑着进了里间屋。这时我要求回宿舍，曼玲牵住我的手把我送出了家门。

  我回到宿舍躺在炕上，回忆着一切，心里甜甜的，有一种说不出的幸福感。我们当时虽然都是十二岁的少年，但感情的事都有点懂了。我虽然不是特别喜欢她，觉得她太疯了，但是和她在一起玩又很高兴。就这样风言风语开始传开，连我父母都有耳闻，当面问我是否有此事。我便把岳曼玲对我的表现告诉了母亲。母亲千叮咛万嘱咐，绝对不能做越规的事情。我很听话，有意识地和她保持一定的距离，只是在一块玩而已。

　　当时还有一个女孩叫赵文惠，和岳曼玲同班，因离家远所以在学校吃住。她比我大两岁，但身材稍高于我，显得很秀气文雅，长相比岳秀玲漂亮，性格有点内向很文静，从不高声讲话和大笑，和岳曼玲正相反。下课时，她总是站在班里，看着岳曼玲拉我的手不放，亲昵地拍我的脸，一举一动都离不开她的视线。我们住校的一天两顿饭都在学校吃，她从不回宿舍，总是和我同桌，一起吃饭有说有笑。她把从家里带来的饭菜让我吃，也吃我带来的炒咸菜。吃饭的时候她什么都说，告诉我她家中的情况。她有父母哥哥，她的哥哥也是位教师，她的爷爷是县政协委员，是个知书达理的人家。我也把我家的情况告诉给她。我们晚自习前，也经常在一起，如果没有人，她也学着岳曼玲的样子拍我的脸。尤其是在冬天时，我们两人的手相互伸到对方的袖口里，相互取暖而默默无言。我越来越喜欢这种温情的时刻。我和岳曼玲在一起时多为疯闹，和赵文惠在一起，则有一种相敬如宾的温情。就这样时间悄悄过去了一年。

　　五三年的七月份，我高小毕业了，是第一批毕业生。高小毕业，回家种地不成，工作年纪又太小，只有继续读书考中学。可是当时的教育太落后，全县只有一个中学。

　　考试的前二天是七月四号，我们三十多人从学校直接出发。张复山班主任做动员讲话，鼓励大家考出水平。并派岳升林和张吉月负责带队，有事要和他们二人商量，尤其要照顾好我们几个年龄小的同学。

出发的当天,天公不作美,从早晨起便山雨绵绵。我们每人背着书包,里面装着考试用的文具和课本,还有两件换洗的衣服,及这三五天的干粮(母亲给我烙的是糖火烧)。这是我出生以来走的最远的路。要走五十里,心里还真有点犯怵。雨越下越大,道路泥泞不堪,越走越艰难。我虽然戴着斗笠,身披油布,但一点也没有用,浑身早已淋透了。小风一吹透心凉,两条腿像灌了铅一样迈不开步了,脚也磨出了血泡。中午时分,雨依然不停,我们停在树下,拿出干粮,就着雨水狼吞虎咽,补充体力,稍微歇了一会,又继续赶路。还好,大家有说有笑,疲劳感稍好。大概下午四点钟到了庆云县城。我们集体住在一个粮食搬运站的工棚里,这是班长岳升林写信事先联系好的地方。我们各自打水、洗脸、换衣服。赶紧又跟着张吉月,岳升林到庆云县中学招生办去报名。因当年报名的人数太多,故考试分成二部分,一试是数学和常识,然后发榜,淘汰掉一半学生。剩下的再参加二试的语文和作文考试。考完后回家等通知。全部考完大概需要四五天时间。报完名,我们回到工棚,各自想着心事,因过于劳累,不久便睡着了。

第二天很早就起床了,吃了干粮,带着钢笔、墨水瓶及准考证,直奔庆云县中学二考场第一教室。学校里人山人海。我进入考试教室内,发现室内没有桌椅板凳和黑板,桌椅完全是用砖头和木板搭成的。每排六人,监考人员念过准考证后,我被分配到第一排正当中。我们三十几个同学都在同一教室内。

坐好后十分钟，钟声一响，考试开始。这一场考数学，我拿到试卷后，很快地看了一遍，自感难度不大，紧张的心情放松了很多。正式的答题必须用钢笔，在试卷的正面书写，算数用铅笔在试卷的背面写。屋内鸦雀无声，只有书写卷子的沙沙声响和前面桌子上的马蹄表的滴答声。

从开始的基本知识到最后的两道高难度的题，我做得都很顺利。两道难题的体型在哥哥给我买的课外书上都有。做完后我又细心检查了两遍，自感有了百分之百的把握了，举手示意要交卷。老师说还有二十分钟，再检查一下为佳，我于是又细心检查了一遍，舒了口气便交了卷。我环顾其他同学，他们都在认真低头写着。老师接过我的试卷很认真地看了看，冲着我微微地笑着点了点头。

第二科是常识考试。地理和历史我学得不错，但有些历史事件的年月日，记得不牢固，完全靠印象去填写。最后一道地理题，在印好的全国地图上填省和省会的名称，我很快就填完了，感觉不会出大问题。二个小时的时间，钟声一响，试卷很快便收走了。大家如释重负，离开考场。一路往回走着我感觉越来越不舒服，头疼发热，一定是昨天下雨浇着了，晚上又受了凉。回到工棚，我没有吃东西便躺下睡觉了。张吉月知道我着了凉，便到庆云城里买了白菜、热汤面，我吃了以后，浑身出了点汗，感觉舒服多了，他才放心。

第二天早上不到十点，我和同学们来到考场，只见一张大红纸贴在考试教室的门口上，上面用毛笔很工整地写了约五十名同学的名字和考试成绩。我仔细一看，第三名是我，高兴得蹦起来。这次考试，只剩下年龄最小的我和张文图两人，其它人回家。这几天的生活安排怎么办，我们没有了主意。急得我们二人直流眼泪。我向张吉月请教，最后他分析说：一来庆云考试的人太多，只招二个班最多一百人。二次考试一定还得淘汰很多人。二来这次考试主要是以河北考生为招生对象。三者是我的语文，作文和时事政治把握不大，尤其是作文。我觉得他说的有道理，决定放弃考试和大家一起先回家。这样，所有的同学都回了家。

中学我没有考上，就在家里种地务农。对于未来我自己没有深远的考虑，只是跟着母亲下地干活，和村里的其他孩子一样，每天背着筐，不是放羊就是捡柴。这时三姐已经去了北京，家中只有年迈的奶奶，父母，嫂子和幼小的贵昌。嫂子只在麦收最忙时才下地，平时很少下地干活。我就成了父母种地的帮手了。早晨天微微亮便起床下地，太阳升起时回家吃早饭。如果活忙时，家人便把饭送到地里，我们一直要干到吃晚饭时才回家，说是披星戴月一点都不夸张。我正在长身体的时候，整天是窝头咸菜，营养缺乏，再加上年幼便过于劳累，故而我的身高总是不长，比同龄的孩子都矮。因我经常地空腹干活，得了头痛病，有时疼得倒在地上抱头翻滚，然后出一身汗便好了。只要不吃饭干活就犯病。母亲知道后，每天下地时总给我拿一个窝头带着，在干活前给我补充。因干活劳累，我晚饭后便倒头睡觉，根本没有精神出去玩，更没有心思去看书复习功课。父母和哥哥看到这种情况，认为不能这样下去了，时间一长，学业完全忘掉，明年将无法考中学了。家人认为我是个读书的材料，应该继续读书才对。哥哥让我去复读一年，学校张复山老师欣然同意了。

五三年秋假之后，开学时，我就又上学了。我复读要去的班，正是岳曼岭和赵文惠这个班。这个班有很多女生。我虽然是复读生，但依然是班内年龄最小的。开学那天，母亲把我过去上学时穿的衣服全拿了出来，我换好衣服，哥哥给我剪了头。潇洒英俊的读书郎又回来了。

第一天上学，同学们都很惊讶。张老师介绍了我没考上的原因，告诉大家我回来复读一年，明年再考。因为我是借读生，不能在学校里住宿了，也不能上晚自习，必须每天回家。刚开学时我还没有入伙，自己带干粮解决午饭。我每天中午和赵文惠在一起吃饭，互相推让着。饭后我利用午休时间，在教室作功课，赵文惠和我一起做作业，我经常给她讲数学题，学习上互帮互助，吃饭时互敬互让，她对我的好感，表现得越来越明显了。岳曼玲依然在平常的打闹中紧紧地抱住我，把我挤在墙上，两只眼睁得大大的，火辣辣地盯住我，很放肆地把手伸到我的衣服里，抓得我痒得难忍。她用这种方式传递着对我的好感和友情。

我每天放学后必须自己走四五里地回家。虽然没有同学作伴，也很辛苦，这一年的学习生活还是很愉快。

七月份很快又毕业了，却在老师那里得到了极坏的消息：出身不好的学生不准考学和找工作。考试报名时，必须要有村农委会的证明才成。这让我如同五雷轰顶。回到家后我情绪很低落。没过多久，哥哥回家，告诉我说："同学赵文慧没有考上县中学。他哥哥托人给他妹妹赵文慧向咱家提亲，愿意和你订下亲事。"父母在我嘴中知道赵文慧的一切情况，全家都很同意，让哥哥告诉媒人，到秋后冬闲时再办理订亲的事。当年父母和哥哥认为我不能在家种地，应该继续读书工作。在农村唯成分论的极右思想和政策中，是不会有出路的。家里决定入冬后，由母亲亲自把我送到北京，寄住在姐姐家考学谋出路，同时治一治母亲多年的倒睫毛的眼病。所以，没到春节我便来到了北京，和赵文慧订婚之事，便不了了之。

九 来到北京

　　五四年深冬的一天,要出发了。这天我们起得很早。饭后,把两大包袱行李放在了毛驴背上,让母亲骑着,我和父亲跟在毛驴的后面,走到十二里外的长途汽车站,等候山东惠民到河北沧州的汽车。汽车站在紧挨着公路的大院里,等车的人很少。

　　十点多汽车来了,因汽车上客人已满没有座位了,我们只好等下午四点多的车。一天两趟车,汽车不大,只能容纳三十人左右。汽车前面有个很大的鼻子,车后背着个小锅炉,靠烧煤取得动力。当时中国的汽油非常短缺。车顶上有个大网绳,是用来装客人的行李的。下午四点多,汽车准时来了,我们都上了车。这时天已快黑了,我和父亲挥手告别。

我心里很兴奋,因为第一次坐汽车感到很新鲜,何况是奔向我向往的北京城。车上客人们虽然互不认识,但都很热情,有两位中年妇女爱说爱笑,使得车箱里的气氛非常活跃,感觉不一会,五十里路就过去了。

汽车到了沧州汽车站,我背起大包袱扶住母亲的胳膊,母亲另一只手挎着个小包袱,走在没有路灯,漆黑一片,高低不平的路上,急急忙忙向沧州火车站赶去。我们等到中午才上了去北京的火车。看着这喷着浓烟的庞大的铁房子,我不由自主有一种敬畏之感。坐在靠窗的座位上,看着飞速闪过的景象,我心旷神怡。

六小时后火车开进了北京前门火车站。车站里人特别多,使我眼花缭乱。我背着行李,扶住母亲,随着人流走出车站。就这样我来到了大家都向往的首都北京,开始了我的少年鸿鹄志冲天,发奋读书奔前程的学习生活。

二姐家住在崇文区草厂七条五号,原广东会馆的院里西头的三间房中,二姐夫一个人住在西里间,孩子们住在东里间,中间祠堂是做饭、吃饭的地方,很宽绰。我和保仁、金奎三人几乎同龄,他们已经考入汇文中学读初中一年级。汇文中学地处崇文区,是一所教会学校,在北京是很好的中学,师资和设备都是一流的。他们二人能考入这样的名校,我为他们感到自豪。我刚来时,他们经常在周日带我去他们学校玩。学校有标准的足球场和数个篮球场,单杠双杠各种体育设备应有尽有。最令他们骄傲的是有个非常大的体育馆,馆内灯光齐全;还有一个篮球场,昼夜可以训练和比赛,不受天气的任何影响。他们的校队经常和国家队比赛,水平非常高。有时他们带我去看比赛,令我大开眼界。故而汇文是我羡慕和向往的中学,我决心也考此校。

  我们三人之间相处得很好,没有什么矛盾。我知道自己是寄住身份,凡事都让着他们,有活抢着干。我牢记母亲的话,做人一定要勤快不能犯懒。我来北京上学必须尽快解决三件事:一是北京户口,没有北京户口不能在北京考学或找工作,这件事母亲让我寄信回去赶紧托人办理,把我的户口迁出来。农村控制人口外流,再加上唯成分论的政策,我为了把户口迁进北京,费了很大的周折才办成。二是我必须很好地复习功课,考取北京高小毕业合格证书,要有证书才能报考中学。三是改变农村生活方式,尽快融入北京人的生活,否则会受到同学们的歧视。自来京后,我便偷偷地学说北京话,改变自己的山东口音。母亲也住在二姐家,方便去同仁医院看眼睛。我便暂时去三姐家住,等母亲走后我再回到二姐家。我带着保仁用过的五六年级的书,去三姐家认真复习,准备考试。

  三姐和姐夫马道良结婚后,住在朝阳门外南中街二十号,房子只有十二平米左右,炕占了房子的三分之二,没有什么家具，只有方桌和两把椅子。姐夫马道良胖墩墩的，人很和气。三姐夫是建国粮店的售粮员，因刚参加工作，工资不高，家庭生活不是很富裕。三姐和二姐一样，给布鞋厂做外加工活，挣钱补贴家用。三姐夫的长女名叫臣英，和他们一起生活，刚上小学一年级，在东城史家胡同上学。姐夫每天上下班接送她。小女孩很厉害，说话伶牙俐齿不让人。

当时我很不理解三姐，为什么嫁给已有三个孩子的人。三姐也曾和我说过当时的思想；一是寄住在二姐家不是长久之计。寄住在他人家心里的痛苦和不踏实，别人很难理解的。二是二姐夫的脾气怪异，尤其是对二姐的脾气说犯就犯，让人很难接受。三是看中三姐夫和蔼的脾气。因此她没有再多想，经老乡介绍后，便很快结婚了。

南中街居住的都是回民，从朝阳门到建国门是回民居住区。在这条街居住的汉民不能做猪肉吃，更不能拿着猪肉招摇过市，对于汉民来说很不方便。我住在这里，除了帮助三姐干点家务外便是复习功课，学北京话，尽快地融入北京，摘掉土老帽的帽子。小小的臣英都看不起我，嫌我土，在和她一块玩的小朋友面前，不承认我是她家的亲戚，怕丢她的面子，使我很不舒服。

在这期间母亲和三姐不想让我考学了，想让我工作，去当学徒工。但我当时还不满十六岁，而解放以后规定不能招童工。我只有准备考学了。母亲的眼睛也顺利地做了手术。这多亏了二舅尽力帮助。二舅当时在北京炮兵学校任教官,他把母亲说成是他的母亲,把母亲以军官家属的身份,送到北京陆军总院做了手术,效果非常好,挽救了母亲的眼睛,并且没花一分钱。我们都很感激二舅。二舅也特别支持我上学,经济上给了我很大的帮助。当时二舅还没有成家,帮助我上学还是有经济条件的。二舅对我的帮助,我终身难忘。

两个多月很快便过去了,五四年的春节到了。尽管二姐家不富裕,但饭桌上的饭菜,确实比农村丰富得多。保仁、金奎带我去北京最热闹的地方天桥玩,使我大开了眼界。天桥那里的人特别多,车水马龙,摩肩接踵。包三的摔跤,张宝忠的耍大刀,还有拉洋片儿的,说书的唱京戏的地方,都是围得水泄不通,里三层外三层的。我们三个人小个子矮,钻到人群的缝隙中,没有花一分钱,便看了个够。

春节刚过,母亲便回了老家。母亲和哥哥经多方求人送礼,在张吉祯的大力帮助下,我的户口很快就迁了出来。我收到户口材料后,便马上送到羊厂九条派出所,不到一个月户口便落成了,我成了真正的北京人。在办完户口的周日,二舅来二姐家,知道此事后很高兴。为了庆祝此事,二舅花了一元钱买了很多烤白薯,又让二姐熬了一大锅高粱米粥,全家人美食了一顿。

为了拿到北京高小毕业证书,春节后,我在一所私立学校报了补习班。这个班的同学多为成人,他们是为了找工作才上学，这是在北京找工作的最低学历。三姐就是因为没有这样一张高小毕业证书，才没有找到正式工作。我学得很轻松，对我来说，这个补习班主要的收获在于培养了我了解北京，与北京人打交道的能力。尤其是我的北京话进步很大，农村的土气越来越少了。

在这段时间，我过了个很难忘的六一儿童节。那一天北京的公园免费为儿童开放，坐有轨电车也是免费的。一大早，我和同班的两个小同学相约去逛北京动物园。在前门上了去西直门的有轨电车，车上的人非常多，悦耳的叮当声，使人感到更加愉悦。西直门是总站，大人孩子都下车，成群结队的孩子们都拥向了动物园。公园内真是人山人海，我们三个人随着人群高兴地跑来跑去，蹿上蹦下。最爱看的是猴子，小猴子抢食游人抛给它们的各种食物，大猴坐在山顶上给小猴打理毛发和捉虱子，最是可爱。老虎、狮子、熊、狼、大象、长劲鹿、梅花鹿、斑马、四不像，都是我从未见过的动物。还有很多听都没听过的动物和五颜六色的鸟，感到特别地新奇新鲜。

游玩了多半天，下午三四点钟我们离开公园，走到西直门准备坐有轨电车回家，但是人太多了，根本上不了车，天渐渐地黑了下来，我心里特别着急，便沿着有轨电车的铁轨往家走，足足走了两个小时才到家。

七月份补习班毕业了，我第一志愿便报考了汇文中学，这是我向往的学校。考场在汇文中学，共语文、作文和数学，一天便考完了。二十天后我接到通知，数学九十六分，语文和作文六十三分刚及格。汇文中学没能考上，我被崇文区五十中录取了。虽有很大的遗憾，但也圆了我在北京上学的梦想了。

春节后三姐已经怀孕好几个月了，需要增加营养。但在南中街回民区居住，很不方便。三姐不吃牛羊肉，最怕那种膻味，但又不能明目张胆去吃猪肉。如果太想吃时，便让我跑出很远的地方，到朝阳门内大街买些熟肉回来，偷偷地吃。为此他们便想搬出此地。而且生孩子的时候，也需要二姐的帮助和照顾。于是三姐家在三月份搬到了南孝顺胡同。这是一间八平米的门脸房，离二姐家较近，来去方便。

六月份里，三姐生了个男孩，取名施乐。三姐夫每天必须上班，伺候三姐坐月子便成了我的任务。每天早晨早起后，我先赶到三姐家给三姐升炉子做早饭，然后去补习学校上课，中午回到三姐家给三姐做午饭，给孩子洗尿布，做晚饭。三姐的月子顺利地渡过之后，我便到五十中上学了。这段时间，这种家务活对于男孩子来说有点难，有点辛苦，但我很乐意去做。我自幼就受三姐的影响和照顾最多，故而我乐意为三姐做任何事。三姐的月子顺利渡过了，我便到五十中上学了。

五五年国家发生了重大变革，三年的抗美援朝战争结束后。援朝部队陆续回国了，车站上大街上到处可见大型的标语。工商界开始了轰轰烈烈的打虎运动，主要针对那些在抗美援朝期间昧着良心发国难财的不法资本家，确实太可恶，应该受到应有的惩罚。但这样的人应该是少数人，有很多所谓的"老虎"都是清白的，主要是受到仇人的公报私仇的恶意报复。故而工商业界人心惶惶，人人自危。

打虎运动刚结束，随后便开始了公私合营。明为公私合营，实为资产公有化运动。对于那些经过几辈子打拼出来的企业家、资本家和掌柜的，是很大的冲击。不管你愿意或不愿意，心里有多么的不舒服，运动一来也得跟风而行，谁要敢逆风而行，必然被运动之风冲击得身败名裂，家破人亡。企业家和资本家变成了自食其力的工人，大掌柜的变成了站柜台的售货员，地位和身份的突变使他们非常地不适应和苦恼。和我三姐家同住在南孝顺胡同里院的一个鞋厂掌柜的，他白发童颜，银鬓过胸，身体特别棒。公私合营运动一来，他变成了整日坐在一个小板凳上的缝鞋工人，不久便得了一场大病，病愈之后，弃城去了五台山的深山老林里，去寻找他的世外桃源了。

城市里是公私合营，广大的农村也是轰轰烈烈的合作社运动。土地，牲口和各种生产资料，都由私人财产变成了集体公有财产。村委会变成了生产大队。由一头牛三亩地，老婆孩子热炕头的小农经济，变成了身无分文的农民。每天听钟响下地干活，听钟响吃饭，挣工分。大队的干部们，变成了脱产的干部，成了手握全村财政大权的土皇帝，威风凛凛不可一世。我们家没有青壮年劳动力，父母下地干活，一天只挣半个工分，家中的生活便更加困难。一年下来挣的工分钱，还不够购买全家的口粮，主要靠哥哥工资来维持生活。哥哥每月工资二十多元，除了自己的生活费和口粮外，便所剩无几了，再寄钱供我上学确实非常的困难，只能父母省吃俭用，供我上学。我中学生活的困难可想而知了。

十　奋发苦学获金牌

　　回顾这三年的中学生活，自感苦中有乐。五十中位于崇文区最东南的尽头龙潭湖之畔，三姐家住崇文区西边的前门大街附近，相距足有十里地之遥，快走也得一小时。我每天早晨五点多起床，六点必须出家门，七点多赶到学校吃早饭。如果赶上雨雪天，吃不上饭，我饿着肚子也要准时上课，三年中从未迟到。晚上在校吃完饭后才回家，到家已经是七八点钟了。每天来回走二十里地的路，我感到很辛苦，如果白天参加了各种体育活动后，在回家的路上更感到精疲力尽了，到家后便倒头就睡。每天都可谓披星戴月。

　　初二时我到二姐家住了。当时的交通很不方便，没有公交汽车相通，只有步行，家庭条件好的同学骑自行车上下学。我们同学结伴回家，打打闹闹，说说笑笑，劳累和辛苦便减少了很多。一天三顿饭我均在学校吃，每月生活费要交八元钱。当时国家也是很困难的，老百姓更是不富裕，食堂常年都是高粱面和玉米面窝头，每周二中午才有一次白米饭，周四中午是白面馒头，每人两个，不够吃再要窝头。菜是白菜、萝卜、土豆大锅熬。三年从没吃过肉和鱼。尽管如此，我还是特别满足。我基本上能吃饱肚子，没有吃糠咽菜。

第一学期的生活除了靠家里千辛万苦攒的钱外，主要靠二舅的经济资助才维持下来。我很清楚家中的艰难，省吃俭用，从不花钱买零食吃。初一的期末考试各科成绩都是九十分以上，全班第一。第二学期，我便获得了学校的全额奖学金，每月五元的生活费，解决了大问题。再加三元，便可以维持生活了。家庭负担大大减轻，家中所有的人都为我感到欣慰和自豪，称赞我是个懂事的，知道用功的孩子。

奖学金我一直拿了三年，直到初中毕业。毕业时我获得北京市中学生金质奖章，可以保送北京市的高中和中等专业学校。这三年的中学生活，我没有受到歧视，人格感到非常平等，活得很轻松，还受到老师和同学们的尊重和称赞。为了不给姐姐们添麻烦，我常年不再去姐姐家吃饭。但因学校没有住宿，只能在姐姐家住。但就连周日，我也总是像往常一样早起晚归到学校去。周日学校没有早晚餐，只有午饭，我上午在学校做功课和作业外,便是看书预习下周的功课,在午饭时买两个窝头装在书包里。下午再到崇文区图书馆去看书,晚上才回到家,一年到头都是如此。可能是太缺乏营养,每到春天我的上嘴唇总是肿得厉害,甚至裂口流血。

这三年最头疼的是我的穿鞋问题。我每天必须要走二十多里地外,还要上体育课,在操场上跑跑跳跳,鞋是最费的,一双新鞋穿不了三个月便坏了,尤其是母亲做的布底鞋,更是不耐穿。为了省鞋我经常光脚在操场上跑步打篮球,脚经常被玻璃和石子扎破流血。这情形曾被路过的班主任于老师看到,他为此事特意进行了家访,还把他穿过的球鞋给我,虽然大点,但也能穿。

为了增加鞋的寿命,我学会了自己钉鞋和补鞋。二姐夫在鞋厂工作,家里工具应有具备,各种做鞋用的下脚料存了很多。如果鞋帮破了,我自己补,针脚大小都很整齐,补得像模像样的。鞋底磨穿了,我找块厚胶皮,按鞋跟的大小剪裁好,用小钉子钉上,在内部填上块软皮子作鞋垫,这样穿鞋的问题就好多了。我还利用假期的空余时间学着自纳鞋底,再让姐姐给配上鞋帮,自己做鞋,准备上学时穿用。为了挣点小钱,我还让二姐夫从厂里领来很多废钉子,我用钳子和锤子把它们砸直,拿回去再用,砸一斤钉子一毛钱。假期或课余时间,我便拼命地砸钉子挣钱。

学校的教学安排很全面,只是遗憾没有外语课,全北京都如此。升入高中才有外语课。我很羡慕说外语的人。我最喜欢的是代数和几何课，我最喜欢的老师是教几何的彭老师。他在北京市很有名气，五十多岁，戴一副近视眼镜，讲课潇洒自如流畅，上课时从不拿备课本，也不拿三角板和圆规等教具，都是随手而成，不借助任何工具，几何图形画得极其标准，画圆、画直线一挥而就，令人敬佩不已。留作业时，额外总是留几道高难度的课外题，用来提高部分好学生的水平，满足学生的求知欲望。我课本上的常规作业题很快便能做完，感觉很不尽兴，就去做那些难度较大的题。尽管经常要花费很长的时间完成，但那种欣喜和成就感，是一种特殊的享受。每当受到老师表扬，和同学们向我请教时，我心中的喜悦和自豪真是难以言表。其他课程我也都学得很好。

当时我的学习动力是不努力学习，对不起父母和家人；而且，只有努力学习，才能获得全额的五元钱奖学金，可以减轻家庭的负担，还能获得同学们的尊敬和荣誉。我最怕的是音乐课，因我天生就五音不全，再加上性格腼腆，所以我就努力把音乐常识和音理学好，就不影响这门课的总成绩了。

初一时我的作文还是一般，想象力不丰富。为了提高作文能力，必须要多读课外书籍才成。在我班同学的帮助下，我成了崇文区图书馆的志愿服务员。在为别人借书服务的同时，我便有机会借到很多的书看了。我看了很多的范文和小说，自此后便迷上了文学书籍，眼界开阔了，想象力也像长了翅膀一样丰富多了。读了一些古人的诗词，丰富了我的词库。在写作文时，我有意识地用在作文里，使我的作文有了很大的进步，语言生动了，情节感人了，使人爱看了。我的作文在班上经常成为范文，语文赵老师经常在班上念我的作文给大家听，有时还拿到外班去读，令我学好作文的信心倍增。因我的功课门门优秀，又非常地遵守纪律，初二、初三都被选为班长。

这段时期，学校响应北京市政府的号召种树美化环境，就在课余时间，让师生们到龙潭湖和天坛公园去种树。当时的龙潭湖是个荒芜的大水坑，杂草丛生，人迹罕至，龙须沟的脏水都流向这里。每到夏天，臭气冲天，蚊蝇成堆。我们经常在老师的带领下到龙潭湖割草种树劳动。现在美丽的龙潭湖畔的大树，基本上都是当年五十中的师生们种的。现在去龙潭湖公园，看到那些参天大树，还有种亲切感。

五七年的五月份，社会上开展了轰轰烈烈的除四害运动。当年的除四害运动非常特殊。麻雀被说成是四害之首，必须坚决清除。在宣传时，老师讲：一只麻雀每天要吃半两粮食，一月就是一斤多粮食，北京有上亿只麻雀和各种鸟类，要吃多少粮食可想而知。为了节约粮食，必须要消灭麻雀。五月份的中旬，北京市政府要求机关学校各单位都停止工作三天，各负其责。上树的、上房的、上楼顶的，敲锣打鼓，旗帜招展，呐喊声响彻天空，轮流值班昼夜不停，目的是不让任何鸟落在树上。我亲眼目睹，成群的麻雀和鸟鹊在天空中，拼命地飞来飞去，无处停歇，由于劳累和无食无水，纷纷落地而死。三天后，北京市上空真看不到麻雀和鸟儿飞翔，就连公园内也变得鸦雀无声。凡有头脑的人，都为这种无知可笑和残忍的做法不满。

这一年，国家的公安机关单位和部队中开始了四清运动[1]，清除革命队伍内部所谓的异己分子。凡是出身不好的人和军官，都受到严格的清查。我二舅和三舅所服役的部队清查得非常厉害。因姥爷是国民党上将、国民党的国防委员，担任过参议员和顾问之职，二舅三舅受到了严格的审查。那些人硬说他们曾参加过国民党的三青团，这完全是无中生有。他们都是十五、六岁就考入南京军政大学，参加了解放军。何从参加三青团？

在宁可错杀一千，决不漏掉一人的极左政策下，那些人给他们办了所谓的学习班，其实就是关了禁闭，逼他们承认。这是排除在部队里的异己分子。有一天二舅炮校的校长单独找二舅谈话，在无理的威逼下，二舅震怒，失去理智动手打了校长。二舅因此被关押了三个月，最后查无实据，五八年初便让二舅和三舅相继转业退伍，都回到了山东济南。二舅被分配到山东汽车交通学校任教。三舅复员到黄河海运局，负责黄河轮渡驾驶员的培训工作。

这期间，我曾两次骑自行车去北苑炮校探望过二舅，都被拒之门外，令我非常着急和难过。失去了二舅在精神和经济的<u>支持，我的求学</u>更困难了。五八年底我才和二舅重新联系上，

[1] 编者按：作者记忆有误。四清运动始于1963年。

知道他们都已复员回到了济南，方感轻松了点。

在整风反右的后期，全国开展了大跃进运动，搞得真是热火朝天。北京的大街小巷，贴满了各式标语。大街上经常看到敲锣打鼓的队伍，举着大红喜报，到中南海去向党中央和毛主席报喜。各大报纸连篇累牍地报道：某地某厂创世界奇迹，某省某地粮食高产破了千斤。这样欺上瞒下的手段，使毛泽东和党中央冲昏了头脑，错误地估计了全国的形势，错误地估计了老百姓的思想水平，错误地估计了国家的经济形势和状况。所谓三年自然灾害，实际上是由于制定错误的方针政策，造成的人为的灾难。

我在春节回山东农村老家，拜年时去到村干部家里，打听亩产千斤是否是真的。村干部们都把头摇得像拨浪鼓一样，还唉声叹气，无奈地说：我村的小麦亩产最好的也不到二百斤，为什么昧着良心上报六百、八百斤呢。因为各乡的领导，为了迎合上级领导的意思，让我们必须这样上报，否则便会被办学习班，说你思想右倾，戴上右派的帽子，受到批斗和撤职的处分。故村干部都谎报几倍的高产，才能得到上级领导的认可和表扬。从乡到县都是这样。中央的各级领导都是档案柜里的"耗子"官僚，都怕被扣上右倾思想的帽子，怕被撤职。都不想当彭德怀第二，被搞得身败名裂。

这种极左思潮，把中国推向了深渊。产量报上去了，到了秋后，国家就按产量的百分比收取公粮。产量报得越高，收缴的公粮越多，老百姓当年所产的粮食，都缴上去还不够，只好把家中积存的粮食统统拿出来凑够公粮，这样老百姓家中便没有粮食了。如果不能完成公粮，就是犯法的。当时中国和苏联的关系已经决裂，国家用这些粮款，都还了苏联抗美援朝时借的债务。

从老家回来，我才真正明白了所谓大跃进的大好形势，是如何被哄抬起来的。右派的大帽子，让很多有良心的人不敢直言。只有闭口无言，才能自保。这样一来老百姓可倒霉了，所谓的三年自然灾害，饿死了多少人？只有天知道。

五八年八月份，我以优异成绩毕业了，并获得北京市中学生金质奖章，有资格被保送到北京市的任何高中和中专技术学校。全家人都非常高兴。我很想到汇文中学去上高中，圆自己的梦。我和姐姐们商量，姐姐告诉我，上高中考大学当然最好，但当时家庭各方面条件很困难，何去何从让我自己做主。我给哥哥写信商量，哥哥来信说：父母年龄已大，生活很艰难，吃了上顿没下顿，哥更是无力供你上高中。他希望我能尽早工作，帮哥哥养家为好。

收信后我非常矛盾，又想早点找工作，又不愿意失掉上学深造的机会，苦苦冥想不得其果。当时和同学商量，他们也很想找工作挣钱，尽早独立，不依靠父母。我就和三个同学跑遍了广渠门外的几个国营大厂，如北京第一机械厂，北京起重机械厂。它们不单独招工。我们像无头苍蝇，乱碰了好几天，也没有结果。报名的时间快到了，我给二舅写信，帮我抉择，却一直没有收到二舅的回信。

正在忐忑不安时，班主任赵老师告诉我一个好消息：北京师范大学要办师大预科班，五年毕业，相当师范大学毕业学历。一切费用都由国家负担。根据你的成绩和表现，学校准备保送你上师大预科班。学校今年只推荐两名同学，就是你和一班的李学敏同学，你是否同意？当时我高兴得都要跳起来了。这样一来既能减轻家庭负担，又能圆我上大学的梦想，两全其美。我当即就填写了报名表，并高兴地给赵老师深深鞠了一躬，感谢他的推荐。

其实在得到这个消息前，我已准备不上高中了，打算报北京卫生学校，将来当名医生。我喜欢医生这个职业。学校推荐我上师大预科班的消息传开来，同学们知道了都很羡慕我，家里的亲人们都为我高兴。真是车到山前必有路，水到桥头自然直。高兴之余，我想利用这四十多天的暑期参加勤工俭学，挣点钱，为开学做好经济准备，同时减轻家庭的经济负担。我到校务处报了名参加勤工俭学，放假第二天便背着行李赶到永定门外。我们是公路局雇来挖公路两旁的排水沟的。活很累，每天挖多深多少米长都有规定的目标，不完成规定的进度是不成的。七八月份的酷夏，头上是火辣辣的太阳，地上是滚烫的热浪，大家都干得汗流夹背，很多同学都脱掉了上衣，光着膀子干活，没有几天，后背都爆皮了。我自幼没脱光膀子的习惯，就穿一件破旧的衣服当工作服，汗完全把上衣都湿透了，经太阳一晒，衣服上都结了一层白花花的盐碱。天越热水喝得越多，汗就流得越多。

中午饭是送到工地的，吃完饭后，我就找个有阴凉的地方，不管脏净躺下便睡，太累了。一天下来腰酸背疼，浑身特别难受。两手起了血泡、水泡无数个，疼得我很难入睡。我没有手套，只好用破布裹着手干活。后来师傅看到这个情况，有点心疼我，说："小小的年纪，干这样累的活，真不应该。"他就把我调到了晒石子的队伍中。

晒石子较挖沟轻松多了，速度的快慢完全由自己掌握控制，主要是没有指标任务，能供上使用即可。在这里干活没有星期日，是按天计算工资。大部分同学只要到周日便回家休息，我从未休息过，就盼望下雨，只要下大雨便能停工休息。

我的饭量很大，不管好坏都吃得很香甜。工地每周吃一次面食，多数是蒸笼，我非常爱吃。在这里虽然很累，但心里很踏实，自食其力，苦中有乐。

干了两周之后，要给我们定每天的工资标准，个大体力好的同学每天是一元三角，我们七八个小同学是一元钱。我们几个人不服，要求每位同学都是一元三角，大个的同学们也很支持我们，大家一起罢工。最后他们同意了我们的要求。我们非常高兴。在这里我干了近四十天，共挣了五十多元钱，去掉一切吃喝用，还剩三十五元，这对我来说是个不小的数字。我用这些钱，给二位姐姐家买了西瓜，二位姐姐很高兴。剩下的钱我用来购买了开学需要的一切东西。这一暑期，我过得很充实，有很大的收获，脸晒黑了，但是个子长高了，由幼稚的少年，变成了小青年了。

我憧憬着开学以后愉快的校园生活。但是当我到学校领入学通知书时，教导处主任告诉我，师大预科班因国家的经费不足而停办了，只好把你保送到北京第一师范学校，三年后毕业当小学老师。现在国家急需老师，希望你能服从国家分配。当时我如五雷轰顶，如掉入万丈深渊，不由得哭出了声。在回来的路上，我冷静了下来，仔细想一想，也只好同意去师范了。因为升学考试早已过去，我只能等明年再考，而这在经济上和脸面上都是不可能的。再一想，上学的一切费用都由国家负责，而且家里人都是做教师工作的，毕业后我也可以在工作中再寻找机会，考大学，圆大学梦。然后我给哥哥写信，说明了情况。哥哥回信说这样很好，我也就心甘情愿上了师范了。

十一　我上了师范学校

五八年九月一日，北京各学校都开学了，我如期到北京崇文师范报到。当时北京有三所中等师范学校，北京宣武师范学校和北京西直门师范学校都是解放前的老校，北京崇文师范学校是解放后新建的，校址是永定门外的蒲黄榆。永定门沿路都是平房，唯有崇师是高楼，屹立在蒲黄榆地区，很引人注目。高大的校门很气派，坐北朝南，进去便是工字型的五层教学楼，再向后走便是老师、学生的六层宿舍楼。有设备齐全的操场，四个整齐的篮球场，还有标准的足球场。教学楼和宿舍楼的东侧是个容纳千人的大礼堂，既是食堂又是会议大厅。同时还有个音乐小院，里面有两个设备完善的音乐教室，四周有二十几个练琴房。这是一所全面培养教师的很好的中等学校。在操场的北端有三棵非常大的槐树，枝叶茂盛。学校的周边都是农村的庄稼地，狗吠鸡鸣的很有意思。尤其是在夜幕降临后，人们三人一群，二人一伙的散步在操场上，很是惬意。

今年共招了六个班，每班约有四十人左右，女生多于男生。我被分在四班，男生十五人，女生二十五人。年龄差异也很大。校长姓祁，是位复员军人，工作雷厉风行，对学生非常体贴爱护，深受广大师生的爱戴。

把学生培养成又红又专，全面发展的出色教师，是学校的宗旨。我们的课程非常完善全面，遗憾的是没有外语课程，让我毕业后找机会考大学的梦想成了泡影。课外还成立了各种提高素质的兴趣小组和艺术队。每个学生必须掌握两种以上的技能和爱好。各班要有篮球和足球队，课余的时候，就按自己的兴趣和爱好去参加训练。每个学生除了学会弹手风琴外，还要学会一门乐器。根据我的性格，我学的是吹箫。在月光下，安静的操场上，箫发出的优雅之声，使我非常陶醉。

值得一提的是学校的乐队，非常庞大，水平很高，是全市中学中的佼佼者，经常参加国家和北京市的重大的迎宾活动。祁校长利用在军队里的关系，把部队军乐团淘汰下来的军乐器，只花很少的钱带回学校。把学校的军乐队装备起来，请部队的专业人员训练，水平提高很快。北京市教委很看重，给予经济援助，使乐队不断壮大，名扬北京市，经久不衰。

我们除了上课外，还要走出去学工学农。在丰收时，学校组织学生到郊外，帮助农民收获。一年级时每周必须有一天到工厂里去劳动。我们到北京义利食品厂的糖果车间去劳动，还到北京电池厂负极碳棒车间去劳动，这里的粉尘污染特别厉害，一天下来，身上、鼻中、口腔中都是灰尘。我在劳动时不带口罩和手套，为的是学习工人们不怕脏不怕苦的精神。我们还到北京的三轮车车厂的电镀车间去劳动。有两次危险使我永生难忘。一次是在清洗车条时，飞快转动的大皮带从轮子上脱落，狠狠地打在我的后背上，把我打到三米之外，倒在地上，后背顿时红肿起来，疼痛难忍。第二次是给车条镀铬时，我触电了，我的手和全身顿时麻木，从站的木架上掉下来，昏迷了很长时间才清醒过来，把同学和工人师傅吓坏了，把我送到厂子医务室，把摔破的头擦了药包扎好，等于捡了条命。

我升入崇师第一学期，课程设置均为基础课。我一直坚持上中学时养成的学习习惯，坚持预习，认真听讲，课后给别人讲解，代替了复习，这样讲上二三遍，就会牢记心中，永不会忘记了。每到考试时都特别轻松，能考出好成绩。同学们认为我聪明，其实不然。只是因为我的基础较为扎实，再加上注意平时的知识积累。例如，语文学习，因我看书较多，积累便多。我喜欢古诗词和古文，敬佩古人们用字用句的精确性，含义的广度和深度。凡是课本里的诗词、歌赋和古文，我都下功夫把它背熟，在写作文时，和我平时说话时，恰当地用上一两句，起到了画龙点睛的作用。我的经济情况再困难，还是花钱买了两本说文解字，只要有空就读，知道古文造字的深义和道理。久而久之，我掌握的知识就比其他同学深广得多，故而才能时常语出惊人，让老师和同学们为之敬叹。

课本上的知识满足不了我的求知欲，我便想方设法寻找课外书籍。在语文老师陈伯英的介绍下，我成了学校图书馆的志愿服务生，和图书馆的管理员袁老师关系很好。我的课余时间经常在图书馆里度过，而很少和同学们去逛街。我的阅读由侦探小说和战争小说，渐渐转向中外世界名著。中国的古典名著：《三国》、《水浒》、《红楼梦》、《西游记》、《儒林外史》、《三言二拍》等，我都通读过来，有的甚至读了两三遍。俄国著名作家列夫托尔斯泰的代表作，我无一漏掉，如《复活》、《战争与和平》、《安娜·卡娜琳娜》，还有屠格涅夫的短篇小说集，高尔基的《童年》，《大学》二部曲。《钢铁是怎样炼成的》读了两遍，我被他们的精神所感动。还有法国巴尔扎克的作品《贝姨》，《高老头》，司汤达的《红与黑》及莫泊桑的《漂亮朋友》，英国的《福尔摩斯探案集》等。我更喜欢中国近代文学，如鲁迅，巴金，郁达夫，郭沫若等作家的著作。总之，我在知识的海洋里尽情的畅饮。后来我又沉迷上了诗歌，尤其是转体诗。郭沫若，郭小川，艾青，俄国普希金的爱情诗和叙事诗，我都特别喜欢，德国的海涅诗集，英国的莎士比亚诗集，印度的泰戈尔诗集，我都爱不释手。心血来潮时，我也写点小诗，抒发心胸。真是文学养人，博览群书，使我的言谈举止气质有了很大的变化。老师同学们都知道我的爱好，老师们很喜欢我。同学还给我起了个绰号"书虫。"

我特别不注意吃穿。不完全是因我的经济困难所致，主要是我的性格，爱好，追求及审美观点。我喜欢穿着自然整洁，不喜欢当时的中山装、干部装。我认为学生就应该穿学生装。我的衣服都是小直领的学生制服，洗得有点发白，是我的最爱。穿上这样的衣服自觉不失文雅，又能显现出学生那种风华正茂的朝气，又有种端庄正派的感觉。头发剪成不长不短，顺其自然地垂落，显得洒脱自然，不造作。

本来我长得白净耐看，再加上我不落流俗的穿着，更使我显得文雅平和。我平时为人低调，从不高声言谈和大笑，加上我的功课好，对同学们都是有求必应，故而很有人缘，尤其很多女同学都愿意和我在一起学习和玩乐。好几个女同学对我产生了好感。在课余和晚自习的时候，有几个女同学经常围绕在我身旁。每到考试时，就让我帮助她们复习功课。她们有意无意地和我靠得很近，对我很亲热，有时候使我很难为情，也使我班的男同学产生了嫉妒之心，那些团干部不论我表现如何优秀，以我出身不好为由，就是不吸收我入团。

我周围这几个女同学中，和我接近最多的是吴彩云。她个子不很高，大眼睛白皮肤，五官端正，比较秀气，为人朴实平和，看问题全面不走极端。她学习很用功，但是理科稍差，经常让我给她讲数学和物理。她对我的情意,我渐渐地有了感觉。她可是我班的班花!但我一直约束自己,不让自己有其它想法。

五三年斯大林去世后,赫鲁晓夫当政,中苏关系渐渐地有了分歧。六零年,中苏关系彻底破裂,苏联撤走了专家,使正在兴建的各大工程半途而废,人力和物力遭受到很大的损失。中苏边境不断发生军事摩擦,形势非常紧张。毛泽东要求全民皆兵,备战备荒为人民。全国各大院校,都变成了军事化管理,把学生训练成可战的民兵,要求是:"全民皆兵,召之即来,来之能战,战之能胜。"

出身军人的校长便迅速行动起来。全校为一团,校长亲任团长,下分三个营,各年级为一营,有正副营长;各班为一连,团支部书记为各连教导员。生活和行动都按军人要求,整齐划一。起床,吃饭,睡觉都由司号员吹号为令。早训练,晚点名,吃饭排队进食堂,发号统一用饭,限定用餐时间不能随意拖延。宿舍内如同兵营,被子白面朝外,都叠成豆腐块一样,棱角分明,整齐划一。每人都要备好打背包的绳子,要求打背包要有速度,整齐,结实,大小统一。晚上睡觉前,各连队在操场排队集合,由连长点名,向营长汇报人数,然后由营长训话,才能回宿舍。熄灯号一吹,全楼顿时熄灯,漆黑一片。每天都有值班连营长查宿舍,如发现有违犯纪律的人,就当面批评和叫到营部训话,否则要通报批评。和野战兵大致同样要求。有时候半夜集合，要求十分钟内到操场排好队，围着操场跑上几圈，称为拉练。体育课变成军训课，练习正步走，穿越障碍等军事课目。这种军事化管理，使我校名声大振，市教育局经常带团来学校，参观工作和学习取经。一来二去，学校纪律管理就更严了。

  五九年的二月，学校开始放寒假了，同学都回家过年了。原本我也打算回老家过年的，但暑假勤工俭学挣的钱已经所剩无几，来回的车费和用度共要十五元之多才成。我不想伸手向哥哥要钱，更不愿去姐姐家打扰麻烦，便决意留在学校度过春节。

  放假前，我在图书馆借了几本书，以备假期消磨时间。留校过节的事我没有对任何同学说。全校没有回家的青年老师和学生共有不到二十人，学校为我们办了小食堂，留下了大师傅给我们做饭。三十晚上我们大家一起动手做了年夜饭和包饺子。初一我进城给姐姐们拜了年，当天又回到学校，在学校宿舍里看书解闷。

  自放假第二天我就开始打工，每天到永定门火车站去当临时工，扛麻袋，搬运货物，每天挣一元五角。晚上回来躺在床上望着天花板，感到很累很孤独。整个假期我一共挣了二十多元钱，这学期的零用钱也基本上够了。刚过正月十五，同学们都返校了，校园又热闹起来，有规律的紧张的学习生活开始了。

  五一过后，天气渐暖，学校接受了一项特殊的任务：由谢晋导演的电影《青春之歌》，要在北京拍摄五四学生运动，需要我们学校的学生配合当群众演员，军警、特务、游行的学生队伍也由我们学生担任。我被安排穿上长衫，戴上围巾和眼镜，扮成五四青年。

第一天的拍摄是在崇文门外花市口，拍摄学生大游行，与警察和特务发生冲突的场面。第二天是在五四大街，依然是游行示威，和军警的厮打场面。第三天是在北海公园，特务们抓捕学生领袖。这三天帮助北京电影厂的拍摄任务，顺利而圆满的完成，受到导演及市教委的好评和表扬。半年之后的元旦晚会上，《青春之歌》在我校礼堂首映，很多同学在银幕上看到了自己的形象。我也看到了自己的背影，只是一晃而过，很令人遗憾。

五九年的暑假到了。漫长的假期使人百无聊赖：图书馆的袁老师放假回了家，图书馆关闭。没有了课外书籍的陪伴，我感到很茫然。

真是天无绝人之路，放假后的第五天，同班同学阴富华来学校找我。她表姐是北京劳动人民文化宫图书馆的负责人，假期中图书馆买进了大量的图书，需要尽快地整理和编号，登记入册，上架供全市工人的借阅。她表姐便让阴富华去打工，帮助整理图书，每天一元钱，而且中午管顿饭。她想到了我，叫我和她一同去打工，我非常高兴地答应了。当天我就和阴富华来到文化宫里的图书馆工作。图书馆在文化宫东侧的一个小院内，都是平房，东西北各三间，屋内都摆满了书籍，比崇文图书馆和学校图书馆大多了。我凭多年在图书馆帮忙的经验，书籍的分类，编号，都干得很专业，受到内部工作人员的好评。阴富华的表姐对我的才华和文雅的举止也很欣赏。

我们每天工作八小时。每天中午饭后，我和阴富华便坐在公园的花前树下的长椅上聊天。她也很喜欢文学，我们聊得很投机。文化宫离学校很远，我无法步行回学校，坐公交车又太费钱，我每天都在公园的长椅上露天过夜。公园内的夜是安静的，神秘的，我眼望天上的星星和月亮，思绪万千，甜酸苦辣不知是啥滋味。

这个漫长的假期，我过得非常充实愉快，还挣了二十多元的零用钱。

五九年上半年，国家开始了大炼钢铁运动，要赶超美国，农业要实现机械化，国家要成为军事强国。这一切发展都必须有钢铁做后盾。毛泽东要掀起一场大炼钢铁的全民运动。有条件的要上，没条件的也要上。我校一贯是走在运动前列的，校长亲自挂帅，开动员大会，让大家都行动起来，在高年级中挑选出五十名精兵强将成立了炼钢攻关小组，给每班每个人都下达了具体任务。凡是在北京有家的同学，周日回家搜寻废铁，每人必须上交五十斤废铁。自己家里没有这么多的废铁，就向街坊邻居自己花钱购买，必须完成任务。北京没有家的同学，组织起来到处去找砖头，用来修建炼钢高炉。

于是，所有学生二人一组，一条木棍一个竹筐，停课三天去找废铁和砖头。孟桂荣是我的入团联系人，我们两人分成一组。孟桂荣是顺义农村考入崇师的，是他们村的女状元，现在是班内宣传委员。她瘦高身材，黑眉大眼睛，五官端正，但是短下巴，变得不耐看了。为人很朴实。这次她主动要求和我搭档捡石头，是为了多了解我的情况。一天下午课后，我们抬着筐出校门，过护城河，到天坛外的墙根下，寻找墙上已活动的城砖。我们费了很大的劲才把那些松动的砖头挖下来，每块砖足有二三十斤。然后把城砖抬回了学校。

炼钢攻关人员们，为了砌高炉炼钢铁，昼夜不停地干，每个人都蓬头垢面，眼露红丝。约两个来月，钢铁炼出炉了，人也累趴下了。所谓的炼钢，名副其实的是炼人。学校把炼好的钢送给政府，非常热闹，校军乐队在前开路，后面是抬着钢的长队，最后是举着红旗的报喜队，轰轰烈烈，热闹非凡。让大家疑惑不解的是，难道钢铁就是这样练成的么？没人相信。

五九年很快就过去了，春节又到了。每到这时学校就寂静下来，不论是城市的还是农村的同学，都奔回家去享受家庭的温暖，接受父母的关怀。我照例没有回家过年。我班同学齐翔云，也没有回家过年，让我感到意外又高兴。她告诉我，她家住西城区白塔寺附近，父亲在北京解放时，随国民党去了台湾。哥哥结婚了，母亲也要改嫁，所以她不想回家过年。同是天涯沦落人，我们相互之间有了一些安慰。

齐翔云个子不高，长得白净，脸上有淡淡的雀斑，眉毛细长。她很聪明，功课很好，脾气平和，待人诚恳善良，一直对我都很好。为了使她不感到寂寞，我在假期里便每天上午陪她做功课，聊天。下午我去永定门火车站打工挣钱，晚饭后陪她在校内校外遛弯。不过我去火车站打工的事没有告诉她。我一直都瞒着班里的所有同学，怕同学看不起我。她几次问我，为什么回来总是疲惫不堪的样子。我很无奈地说了实话，她非但没有看不起我，反而对我的自强很是敬佩。

渐渐地我们成了知心朋友，无话不说了。我很喜欢她为人的平和。她对我说："跟你说实话，自从一年级刚入学不久，我便注意到你的长相举止和别的同学不同，我很喜欢做你的知心朋友。"她这样丝毫不掩饰自己的内心世界，我很敬佩她。

春节三十的晚上，留校的老师和同学们在一起包饺子，听音乐，说着笑着非常热闹。齐翔云喝了酒，老师让我扶着她回宿舍。当我把她送回空荡荡的宿舍并扶她上床时，她突然哭了起来，猛然搂住我的脖子热烈地吻我，眼含泪水，样子非常的可怜，我也浑身发热，回吻了她，但这时我突然清醒过来，赶紧离开她，回到自己的宿舍，很久未眠。

大年初一我们去食堂吃饭，她很不好意思地说："对不起，我喝多了，有点失态，请你原谅，你让我这个年过得很愉快，谢谢你！"我也回了句："也请你原谅。"吃完饭后，我们一同进城，各自给家人拜年。我买了点心，给三姐家的孩子带去。下午五点钟，我们按约定在永定门相聚，一同回学校。她给我带了一大包她母亲炸的排叉，回到学校我们一起看书聊天。

正月十五那天中午，我和齐翔云走到永定门大街一个餐馆吃了饺子和元宵，算是过节。她要付钱，我坚持不肯，最后还是我付了钱。在回学校的路上，经过鞋店，她便给我买了双鞋，以作回报。她认为我卖力气打工挣点钱，很不容易，请她吃饭让她心中不安。她家的经济情况比我强多了，过年过节时，哥哥还给她钱，她手中经常有钱。她告诉我，如果有困难时，一定要告诉她，她很愿意为我做一切事情。但在同学们面前她从没有表现出来。这样的女孩子让我刮目相看。

六零年开始，国内的形势发生了骤变。中俄的分歧已公开化了，中俄边境不断发生武装冲突。中国认为俄国走的是修正主义的道路，我们国家走的是社会主义道路，只能分道扬镳了。俄国逼着我们偿还朝鲜战争时期的借款。我国没钱还债，便用粮食代替，国库的粮仓空了。老百姓家里根本没有余粮。五九年农村人民公社化，大队办集体食堂，社员吃饭不要钱，多吃多拿使粮食大量浪费。大队公社干部整天大吃大喝尽情的挥霍，上梁不正下梁歪，社员下地干活磨洋工，聊天抽烟上厕所不干活，地里的荒草比禾苗都高。收获时节粮食都扔在地里。这样的浪费，老百姓很心疼，又没有办法。这都是我们去河北定兴县参加学农劳动时，我亲眼目睹的。就这样，公社大队的公积金和粮库也浪费殆尽。基层干部和老百姓都认为共产主义到了，躺在床上等着过共产主义天堂的生活，人心涣散，坐吃山空。六零年的春荒便发生了。

六零年，山东的老百姓受了大苦，死于饥饿者无数。人人都得浮肿病。这只是所谓的"自然灾害"的开始。山东成为全国的重灾区。六零年三月份，我年老体弱的奶奶熬不住饥饿，去世了。同年六月我父亲也因饥饿离开了我们。这年春天我村的中老年人饿死了很多。例如我家隔壁的本家，祖孙三代五口，当年春天便饿死了三口，只剩下了两个十几岁的孩子，可怜得很。饥民们到处游走，但又无处可去。山东、河北、河南的青壮年，很多偷着去了内蒙和东北，下了关东。这样留在山东的劳动力就更少了，情况越来越恶劣。山东如此，全国可想而知了。

农村情况如此，城市好点，但同样忍饥挨饿，人人都患营养不良的浮肿病，腿上一按一个大坑，全身无力。因吃饭而打架的家庭无记其数。我们学校的伙食质量也突然下降了。白面每周只吃一次，玉米面窝头变成了高粱面。每当同学们拿起又硬又黑的高粱面窝头时，便大骂赫鲁晓夫。一个月吃上二两肉，副食蔬菜也数量减少，冬天都是萝卜，白菜和土豆。尤其是炖土豆，又苦又涩还不烂。大家也顾不上这种土豆是否有毒，只要能填饱肚子即可。每到吃饭时，同学们就像吃黄连，皱着眉头，咧着嘴，瞅着饭菜发愁，但谁也不敢说什么。这是政治问题，还要高唱社会主义就是好，高喊毛主席万岁。学校想尽一切办法，努力填饱学生的肚子。每到吃饭时，在大缸里放上酱油,放点香菜,用开水冲成两大缸高汤。同学们都拼命地去抢,稍慢点便喝不上。有人便打趣说,吃饭先喝汤,老来不受伤,女同学用汤来泡着吃难以下咽的高粱面窝头。私下里有几个女同学给我点饭票,如关秀敏,张淑英,高玉淑。齐翔云和我是同桌,经常借故吃不了,把饭菜拨到我的饭碗里。在同学的关心下,我渡过了难关。

六零年的六月三日上午,我突然收到哥哥的电报,言父亲病危,让我和母亲赶紧回山东老家探亲。我当即找班主任请了假,到学校供应处换了全国粮票,临走时向齐翔云告辞,她借给了我十五元钱,以备路上使用。当时我兜里还有不到十元钱。我没有客气,只说了声谢谢便接受了,便赶紧进城,到三姐家接母亲一同回家。

我们坐的是当晚十点多去济南的火车,然后再换坐早八点的长途汽车。这个车不是客车,是个敞篷大卡车。大卡车颠簸得厉害,让人五脏六腑都挪了位,再加上火一样的太阳直晒,我母亲中暑了。我脱下上衣,让母亲顶在头上遮阳。只要汽车停下,我便下车找水,给母亲补充水分,真怕把母亲折腾病了。

下午四点多钟我们才赶到山东余陵。没有南去的汽车,距家还有四十五里地,我们到处寻找载人的自行车都没有,只好在车站住一宿。车站内外有很多细脖大脑袋的孩子在要饭。那一双双饥饿的眼睛让我难忘。汽车站候车棚非常简陋,无处坐无处靠,只在角落里有很多柴草。正是麦收之季,昼夜温差很大，我们便在柴草里坐了一宿。因回家心切，第二条一早花高价雇了两辆人力自行车。

回家路上，我看到小麦几乎收割完毕，但地里依然有很多小孩在捡麦粒或挖野菜。最后十里地，只能步行了，途中正好路过四姐的婆家霍庄，母亲在路边的树下休息，我去麦场找四姐。

初见四姐我竟没认出来，只见她蓬头垢面，本来强壮的高大身躯，变成了弯腰驼背，瘦得都脱了相。她瞪着一双木呆呆的眼睛，傻乎乎地望着我，张口无言抱着我哭了起来，场院上的社员，都站着不动看着我们。当四姐看到母亲时，哭得更厉害了。我告诉四姐父亲病危之事，拿出路上带的吃的给四姐吃，四姐二话不说，手捧干粮拼命地吃，那狼吞虎咽的样子，我一辈子也忘不了。我要四姐一块和我们走，四姐说不成，必须跟婆婆请假才成。我们和四姐告辞，直奔家中。

刚进门，我放下东西，直奔父亲床边。父亲如同枯柴，面朝天躺着，我手抚摸父亲的脸，大声呼唤着父亲，告诉他，我和母亲回来了。父亲有了反应，睁开眼睛，望了我们一眼，仿佛认出了我们，母亲急忙拿出糕点，用水泡了两块，用勺子喂父亲，父亲竟然吃了小半碗，闭上眼睛睡着了。嫂子给我们熬了菜粥，但看到贵昌、迎春望着我们，我无法下咽，便把粥给了孩子们吃。我和哥嫂商量父亲的后事，最难的是没有棺材，也没有地方去买，最后我们决定用门板找人帮忙做一个。

晚上母亲又给父亲喂了点吃的，以后父亲再也没有睁眼，便离开了人世。父亲是被活活饿死的。我愤世之情，深埋心中，欲哭无泪。

棺木做了一天便做完了，称其为棺木，实为大木盒子。都怪儿女无能，这样简陋地送走了父亲，愿他老人家死后去了天堂，好过活着在人间受苦受罪。

办完后事，我让四姐在家多住几天。晚上四姐又说又哭，叙述在婆家如何受气，如何挨饿。她公婆克扣四姐的口粮，四姐吃不饱，还要干重活累活，又无人诉说，无人理解。四姐夫歧视四姐，巴不得四姐饿死，没有一点夫妻恩爱之情。听后我气愤之极，主张让四姐单过，这样可以保住自己的口粮，不至于饿死。四姐极力反对我去他们家评理，怕我走后四姐更受虐待，我才罢休。我决心要帮助四姐，把家分了，保住性命。在家这几天，我没有正经吃饭。为了给家里省下粮食，我决定和母亲尽快回北京。

回北京之前，我和母亲绕道济南去看望二舅。因为二舅对我和母亲帮助很大。我们坐汽车去济南，在惠民车站，大脑袋大肚子的孩子，瞪着无光的眼睛望着来往的客人，期盼给点吃的。太可怜了，让人不忍目睹。我心血来潮，写了首现代诗：饥饿的眼睛。

晚上，我们到了二舅家.我们突然的到来使二舅很惊喜。

几年不见，二舅看到我由个不高的小孩，长成了英俊的青年，很是高兴。饭后聊天，我谈了我这几年的读书过程和这次路上的所见所闻。二舅很欣赏我奋发学习的精神，及言谈举止的文雅。这时我把前两天写的那首"饥饿的眼睛"念给二舅听。没想到二舅顿时变了脸色，极其严肃地说：

"你这种思想太危险了，难道你不知道政治运动的残酷性？有多少敢于直言的有学识的人，都成了右派反革命，个人的命运和家庭的命运是多么的悲惨。就冲你这首诗，把你打成右派反革命，证据充分，你这一辈子就完了，再有才华也成粪土。"说完当即把诗稿撕掉，并严肃地告诉我，回校后，不要对任何人说起此诗和一路的感受。我极其敬佩二舅，向二舅保证不再冲动。

我和母亲只住了一宿，便坐火车回了北京。在永定门火车站下车，把母亲送到三姐家，我便返回学校了。

学习生活又开始了。父亲的去世的悲哀，和目睹农村生活的悲惨都渐渐淡化，身体的极度疲劳也慢慢恢复了。学校的生活和农村相比好太多，使我感到非常知足。

除了学习之外，我仍然每周日下午去车站劳动半天，挣点零用钱。一天晚饭后，我和齐翔云在校外溜弯，谈了我回家的经过，所见所闻，但没有说那首饥饿的眼睛诗。她听着一言不发，只是叹气，最后说："总之吃苦受罪的是老百姓，国家兴亡，匹夫有责，也只是说说而已，国家的大事，咱们也管不了，你为父亲戴孝理所应当，但你现在到学校后，就应当摘掉，不然对你的入团会有影响，我们把思念和怀念埋在心里，而不是表现在形式上。你和我不同，男儿应立志冲天，不应当站一辈子的三尺讲台，凭你的能力和才华，应有更大的理想和抱负。你必须要入团入党，才能走仕途之路。我能否入团无所谓，最主要的是我父亲在台湾，和共产党站在对立面上，我永远不会入团的，即便是入了团，在他们眼中也是异己分子，但我希望你能入团。"她的话让我敬佩不已。我顺着说："你真不简单，以后会是个好贤内助，"她幽默地说："你过奖了，我不是贤内助是贤外助。"我把十五元钱还给她，她推让了几次，只收下十元，留给我五元做零花用。她让我暂时别去打工了，把身体恢复恢复再说。仔细品味那些肺腑良言，真没有想到，其貌不扬的齐翔云，竟有如此心志和谋略。我能有这样的知心朋友，真是难得的缘分。我决定听从她的劝告，收起黑纱。

　　回北京后，四姐的事一直让我揪心。眼看四姐在婆家快要被饿死，我又无能为力去帮助她。开始我想给他们县妇联反映情况，让政府为四姐伸张正义，分家单过，又担心这样太激进了。徐家本来就嫌弃四姐，她们会借此挑唆姐夫和四姐离婚，反而给四姐带来痛苦和麻烦。考虑再三，我写了两封信，一封给四姐夫，向他诉说四姐的苦难生活，希望他对四姐产生点同情心。另一封寄给四姐夫的单位领导，目的也是让领导督促四姐夫对四姐好点。我再三斟酌措辞，自感没有不妥之处，便把信寄了出去。

三个月过去了，正当我忐忑不安不知后果时，收到了哥哥的来信，告诉我四姐与姐夫离婚了。这就证明了我早就有的想法，自始至终他们就没有看上四姐，用这种软刀子割肉的办法折磨四姐，令她早亡或离婚，他们再另娶。四姐的性格太软弱，为了顾全丈夫和自己的脸面名声，一直忍耐，毫无反抗，委曲求全到今天。因四姐没有抚养子女能力，女儿判给了徐家，四姐没有获得任何财产，只得了二百元钱做为安家费。哥哥只用一辆小推车，便把四姐的全部家当推回了娘家张举人村。

四姐回来后，住在原媒人张吉贞家的西房中，因哥哥常年不在家，她怕和嫂子闹矛盾之故。四姐自己单过以后，每天到大队干活，挣工分。村中的干部和群众都知道四姐老实，性格软弱，在婆家受苦受气，都很同情她，没有任何歧视。当时我真想马上回去探望四姐。都是因自己多事，造成了离婚的严重后果，我很自责。但从长远看这件事我是对的，离婚是四姐命运的大转折。半年之后，四姐嫁给了黑龙江林场工人孙凤山，姐夫对四姐很好，过门后当家理财都由四姐说了算。一家人不愁吃不愁穿，不久他们又生了一男一女，全家美满无比。四姐活到八十寿终正寝。如没有当时离婚的短痛，哪有这后半生的幸福生活？后来听说，徐家娶了个老姑娘，人很厉害，婚后不久，就因婆媳不和打得鸡飞狗跳，姐夫成了妻管严。真是现世现报。

六零年的暑期很快就到了,我要去打工挣钱。一是解决平时的零用钱,还要攒钱准备寒假回山东看四姐。四姐的事成了我的心病,时刻都放心不下。晚上,我和齐翔云在学校的操场上相见,我告诉她我要去东郊仓库劳动的事情。她特别地关注我的身体。她说我瘦多了,说话也粗声粗气的,增加了男子汉的英气,这是她对我这学期变化的评价。她说:"在火辣辣的太阳下面干活太辛苦了,估计那里的活轻松不了,要悠着点。为了那点钱,把身体累坏了,太不合算,身体是本钱,把本钱赔进去,那就完了。吃饭一定吃好点,反正身体是你自己的,累病了自己受罪,任何人都替不了你。"婆婆妈妈地说了很多,好像是大姐姐嘱咐小弟一样的感觉。我说:"放心吧!我会很好的,不会有事的。"她顺手从口袋里拿出两盒清凉油给我,一并说:"那里的蚊子一定很多,蚊虫叮咬,擦上管用。"我很感激她的真心关怀,她想得很周到很细致。我还告诉她另一件事:团组织对我给父亲戴孝有看法,说我的阶级感情没有完全转变过来,从感情上没有和家庭划清界限,还需要进一步考查。但我不着急,顺其自然吧。齐翔云又安慰我一番。

第二天的上午十点多,全校约有二十名同学在校门口集合,上了东郊仓库派来的一辆大卡车,很快就到了干活的地方。我们工作的任务主要是卸大车,码放货物。不论何时,只要火车一来,就要去卸车。必须卸完才能停工,按时记工,四小时算半个工,超八小时按加班算。每个工时是一元五角,和工人们同工同酬。工作时的安全自负。

第一天干活,同学们干劲十足,行走如飞。可到了晚上,腰腿酸痛,肩膀又红又肿。几天后身体渐渐适应了,肩膀和手上磨出了老茧。每天晚上大家冲个凉水澡,坐在院子里乘凉,齐翔云给我的清凉油起了很大作用。

三班王全华同学和我是一组的,此人个高,举止谈吐文质彬彬的,性格很内向,不善言谈,我们两人有共同语言,故而休息时都在一起。他经常拿一本英语书看。他的外语很好,经常拿出来念念,我很敬佩他。我们相处得很好,也自然成了好搭档。吃饭时我们二人各买不同的菜,这样两人一起便可以吃到不同的两个菜。享受这样的友谊,使劳动都变得愉快了。

一个周六下班后,工人师傅和学生各组成一队,踢了一场足球,我踢得满身大汗,还在球场上看了一场露天电影"上甘岭。"真没有想到得了感冒,当晚夜里发了高烧,我被送到同仁医院,一检查得了肺炎。医生给了又开了针,拿了药,把我送回了学校。足有十来天我才退烧。这时我的身体极度虚弱,齐翔云和秦翠瑛每天把病号饭送到宿舍,齐翔云还经常给我买水果和西瓜之类的东西吃,他们二人还帮我把被褥给洗了,真是危难之中见真情。我很感激她们对我的照顾。这一切费用都是齐翔云给垫付,开学后我在学校报完销后才还给了她。在养病这段时间里，秦翠瑛同学以大姐的方式，给我很大帮助和照顾，对她的友情，我无所报答，很感不安。想起来这次劳动真有点得不偿失。

开学后，仓库给我送来二十四元劳动报酬。拿到钱后，我进城去看母亲，才把肺炎之事告诉他们，给了母亲五元钱的零花钱，又趁机到大栅栏文化用品商店买了两支钢笔，是上海金星牌的。回学校后我用修铅笔的刀，在钢笔上面刻了字，给秦翠瑛的刻上"友谊万岁，"给齐翔云的刻上："翔云永存。"当我把钢笔送到她们手中时，她们爱如至宝，表示要好好保存。没过几天齐翔云回家给我买了双回力牌白色高腰球鞋作为回报。这种球鞋是我早就想买的，但因囊中羞涩，一直没有如愿。

这一年，粮食不够，又没有副食，营养不良普遍存在，严重影响学生们的生长和发育。学校为提高学生的生活水平，把大体育场和所有的空地，都变成了菜地，在厨房和大礼堂的东侧还修了养猪场，养了十几头猪。各班轮流值班，给菜地浇水、除草、施粪、喂猪。尤其引人注目的是：沿学校的周围种的都是向日葵，花开时节，刹是好看。就这样，校园变成了很壮观的菜园，还请了二位农民做为顾问，种了各种各样的时令菜。师生们吃上了新鲜的蔬菜，都很知足，很拥护学校自立更生的精神。

尽管如此，学生们还是吃不饱。有一次深夜里，我和几个男同学,以上厕所为名跑到操场的菜地里,每人拔了个大萝卜,躲在厕所里吃了,很难忘。

春节快到了,我惦记四姐的事情,母亲也很不放心,决心回山东老家看看。放假前几天,齐翔云问我今年的打算,如果我在学校过年的话,她也留学校陪我过年。我把想趁寒假之际,回老家去探望四姐的情况告诉她,并真诚地邀请她和我同去山东。她感谢我的邀请,但坚决谢绝了我。她站在我前面说:"谢谢你能这样看待我,我是多么希望将来咱们能在一起,其实我早已把你看成我的男友,所以愿意为你做任何事情。但我又仔细的衡量过,咱们俩不般配,只要你知道我对你的心就可以了。心心相印就是我的幸福。"她随手把十元钱塞入我手中,便回宿舍了。

腊月二十七日的下午我便到了家。哥嫂没在家,迎门看到侄女小迎春,蹬着小板凳,往碗里倒菜粥,见我进门,瞪着眼睛望着我。我赶紧拿火烧给孩子们吃。贵昌跑出去,不一会便把四姐叫了来。四姐见到我,扑到我怀里痛哭起来。我也跟着落泪了。四姐稍稳定后不久,哥嫂都回来了,他们见到我很高兴。我当着大家的面,把从北京带来的糕点和带鱼给了哥嫂,同时把糕点分给孩子们吃。晚饭后,我来到四姐的住处,倒在四姐为我准备好的床上,询问四姐的一切情况。四姐很详细地叙述了离婚的详情。

前姐夫的学校接到我的信后,领导非常重视,因信是从北京寄来的，内容很充实，有事实有法律道理。校长找到前姐夫狠狠地批评了他，说父母虐待儿媳是侵犯人权，学校有教育不到之责，做为一名教师为什么容其父母这样践踏人权。放假后，前姐夫回到家，大发雷霆，责怪四姐唆使弟弟告他的状。看到四姐瘦弱的身体，他们也怕今后出人命，于是全家商量后，就和四姐离婚了。

最痛苦的时候过去了，我告诉四姐，我这次回来是专门为四姐回来的，觉得很对不起你，我劝四姐凡事一定要想开，到什么时候说什么话，离婚表面看是坏事，对你来说，其实是件好事，永远跳出了火坑。姐夫根本不喜欢你，为他这样的人受苦受饿太不值。说实在的早就应该离婚，离婚是你命运的转折点。现在的困难是暂时的，只有保住命，才能有今后的好日子，如果你能等得了，等我毕业工作了，我一定把你接到北京去，想办法给你安个家。四姐告诉我她现在都想通了，你是为我好，走一步说一步。并告诉我咱村的香兰婶给她提了一门亲事。我给四姐建议是人一定要厚道老实，结婚后一定随其到东北安家。我太困太累，便自然睡着了。一觉醒来太阳东升，我看到四姐情绪稳定，身体越来越好，完全可以放心了。为了减少哥嫂和四姐的负担，初六我便返回了北京。

回到学校，图书馆的袁老师找我去给他帮忙，分各年级各班学生下学期的课本和教材，给图书造册编号登记，有大量的工作要做。我跟着袁老师理直气壮地吃了老师食堂近十天，不但没有花一分钱，最后袁老师还给了我五元钱的劳务费。

再开学，就是我们毕业班的最后学期了。过了五一劳动节后，毕业生要分配到崇文区各小学实习上课，最后学校给评语，记入毕业成绩。我仍然在每周日下午坚持去车站打工，不愿意接受齐翔云的经济帮助。有一次搬运盐包，每袋盐包都有百十来斤，扛着特别吃力。在扛起盐包时，我刚蹲下，突然从盐堆上掉下一包盐，正砸在我的背上，顿时把我砸趴在地上，后背很疼，吐了口鲜血，好半天才喘过那口气。我在回学校的路上，在药店里买了点止痛片，感觉很不舒服，吃了饭，把药吃了，便回宿舍睡觉了。睡了一宿后，自感好了很多，三天后便没有什么感觉了。其实这次外伤是我后来瘫痪的重大隐患。现在后悔也无济于事了。每到周日我依然到车站打工，但自那以后身体就感到疲惫，精神不振，食而无味。我认为过几天便没事了，也没太注意。更主要是因为经济问题，没有到医院去检查。

四月底毕业考试结束了，我的毕业成绩名列前茅，非常优秀。我很高兴。五一过后，我要到学校去实习了。一天晚上，我发了高烧，三天后依然不退，大夫怀疑我的肺炎复发了，赶紧把我送到天坛医院去检查。经检查诊断为是结核型腹膜炎，必须住院治疗。得病原因是营养不良，免疫力下降，再加上过于劳累所致。当务之急是退烧，控制结核。

值班主管大夫是北京卫生学校的实习生，一位叫杨洁的女大夫。她大高个，细眉大眼，说话很直爽，动作麻利，白大褂一穿，显得很潇洒。她工作非常认真热情，当天便给我打针、输液退烧，还用酒精擦身，用水和冰袋给我物理降温，她走出走进忙碌得很。

我吃的药是抗结核药，一日三次，每次五片，加上其他药片，每次都是一小把。打针也是抗结核的链霉素，每天肌肉注射两次。杨大夫忙碌了三天，我的高烧退了很多。为了提高我的体质，她每天给我输一大瓶葡萄糖溶液和生理盐水，还给我开了营养餐，喝粥加肉松，面条加鸡蛋。在当时极困难的情况下，能吃上这样的营养餐，是非常难得的。杨大夫每天早来晚去，和护士一样，亲自给我打针喂药。有时坐在我床前，看着我把饭吃掉才离开。有时在临睡前，她还跑到我床前看一看我的情况，我非常感谢她对我的热情和责任心。

经过一周的精细治疗，我的高烧退了，但还有低烧。我虽然体弱，但也能下床了。我住院之事，没有让学校通知三姐家，每天除了打针吃药外，一人躺在病床上很是寂寞。杨大夫看出来我的心思，她给我拿了好几本医学方面的书让我看。在闲暇之时，有时候还搀着我到病房外，花园内的长椅上坐坐，换换空气。

慢慢地，我和杨大夫熟悉了，说话的内容广泛了。杨大夫借给我的书中，我对那些人体解剖和生理功能方面的内容很感兴趣，故看得认真仔细。有些地方即使不全懂，也看的津津有味，感觉医学很有意思。杨大夫和我聊天时，我就向她请教，同时把我自己的理解说给她听。她很惊讶我的记忆力和理解力，她说我选错了职业，应该学医，将来定能成为好医生。我便如实告诉她，我初中毕业获金质奖章，本想报高中考大学，但因家境困难不能如愿；学校本来要保送我上师大预科班的，但预科停办，我不得已上了师范学校。她很同情也很惋惜我。后来她告诉我，她是北京卫生学校的实习生，在天坛医院实习了近一年了，也是今年毕业。她是河北涿州人，北京没有任何亲友，她们这批毕业生，没有特殊情况，全部会分到甘肃酒泉市去。她如果有北京的正式户口，就可以留在北京。我告诉她，如果能把户口从学校中取出来，我可以帮她把户口暂时落在我姐姐家。她很直接地告诉我，她没有男朋友，同学中没有她理想中的人，没有我这长相俊秀，谈吐文雅有气质的男孩，我一来她就对我有特别的感觉，越接触越是从心底里喜欢，很想做我的女朋友。她说，如果咱们真有前世之缘，我能留在北京，咱们就建立家庭。她让我仔细地想一想。

晚上，我躺在病床上，翻来覆去地想刚才发生的一切。经过这些天的接触，我真有点喜欢她。她性格直爽开朗，热情坦荡，她的工作是我所仰慕的。我们家境基本相似，也可谓门当户对了，而且两人都有农村人那种朴实厚道的性格。故我很乐意接受这份突如其来的爱。当夜我失眠了。

时间过得很快，住院已经一月之久，我的病基本稳定了，医院建议我出院，回学校养病即可。杨洁找主任说了我在北京没有家的情况，只能在学校养病，而学校的条件非常差，不适合养病，最好在医院再巩固巩固。就这样，我延长一周观察。我们心中暗自高兴，这样我们可以在一起多呆几天，我们特别不想分开。她告诉我，"将来若能留在北京最好了，如果留不到北京，那是咱们没有缘分，我决不能让你陪我到那荒凉的地方去。"说到这里很感无奈，只好过一天算一天，今朝有酒今朝醉，尽情地享受这几天吧。

在出院的头天晚上，我们坐在公园的长椅上，紧紧靠在一起，双手紧紧相握，仰望天空，一言不发，谁要说什么，彼此心中都很明白，真是无言胜有言。由于杨洁给我顺便做了包皮手术，她嘱咐我"以后自己经常洗一洗，一定保持清洁，皮松了就没事了，否则恢复原状，我的努力便前功尽弃了。"我心里很乱很激动。我们相互留了通讯地址。回到病床上已经很晚了。

出院那天，杨洁送我到医院门口，看着我上了三轮车。我回到学校，学校怕我传染别人，让我单独住在练琴房内。屋内有一张单人床和桌子，桌上有暖瓶和我的生活用品。当晚我心里很不是滋味，为此还掉了眼泪。我现在最担心的是：我没有参加实习，能否参加毕业分配。班主任佟老师告诉我，学校知道你的情况，你三年的学习成绩都很优秀，没有参加实习，照样可以参加分配。听了佟老师的话，我心里踏实多了。

我每天按时吃药，吃饭后到操场上活动身体，呼吸新鲜空气，其他时间就看书睡觉。仔细想起来，学校对我真不错，为我负担了那么贵的医药费。七月中旬，我进城看了母亲和二姐，才把我患病的事情告诉她们。同时知道了四姐在我住院期间，转道北京去了黑龙江。无事的时候，我常想到杨洁对我的真诚感情，真想回医院看她。

过了两天我去医院找杨洁，护士说她已经回学校等待毕业分配了。我很扫兴，认为以后我们一切便结束了。真没有想到，一天下午三四点钟，杨洁来学校看我来了。工友把她领到我的住处便走了。两人相见分外高兴，十几天的分别，彼此都很想念。把门一关，她抱住我哭泣起来，平静后，她告诉我最坏的消息，"本届毕业生全部分配到甘肃酒泉市，必须听从国家分配，任何人不能从学校迁出来，必须到酒泉之后，才可以让你辞职，至于户口能否迁回来，就不清楚了。过不了几天，我就走了，我到医院给你拿药时，知道你曾去医院找我，拿了药我便来找你了。今天我也是来告别的，从此以后相隔万里，咱们的关系便结束了，让我们把感情深埋心中吧！命中无缘，只能认命了。"

说了一会话，她让我躺在床上，给我检查检查，我顺从地躺在床上，她用听诊器在我前胸后背听了很久，还用手叩击前胸听其声音，说我恢复的不错，听不到不正常的声音。然后她又给我检查了下身，说我太不讲卫生，她用带来的酒精棉球，给我里外都擦净消了毒。这时她突然激动起来，我们相互拥抱，亲吻，顾不得我的病是否传染，卫生不卫生，尽情地宣泄我们的感情。室外同学们的脚步声越来越多了，她不得不向我告辞了。我把她送到汽车站，便恋恋不舍地分了手。这就成了我们的永别。

八月中旬，班上的同学们都分配了，陆续离校，我班就剩我一人了。齐翔云虽然很早就分配了，但她以办粮食关系为由，回到学校来陪我。因为只要没办粮食关系，就可以在学校住宿用餐。她知道我身体不好，又迟迟得不到分配的消息，特意过来陪我。这样我班就剩下我们二人，我依然住在练琴室里，齐翔云就形影不离地陪着我。她告诉我，人越是在最困难的时候，越见真情，要做雪中送炭的真朋友，不做那种锦上添花的人，她要等我分配了一块离校。她还时不时约我到小饭馆里改善生活。

我们每天一块吃饭，说话聊天，傍晚到操场遛弯，她很自然地挎着我的胳膊边走边说，一直到很晚我们才分开。白天很热，我们就在我的住房里待着，或坐或卧她都特别随便，就是不让我看书，只要我一拿起书，她就把书抢走扔到桌上，撒娇地靠在我身上揉来揉去。因为天气非常热，她穿着短衣裙，在我面前撒娇，有几次她的举动和行为，使我心跳和激动，但我控制住自己，决对不能做伤害她和对不起她的事情。

这样闲散的生活很快便过去了。学校告诉我，我被分配到东珠市口小学，让我尽快报到。我很高兴，齐翔云却哭了，当天她就办理了粮食关系，离校回家了。我从心里非常地感激她，感激她总是在我最困难时，在经济上和感情上安慰和帮助我。以后我们没有任何联系，因为分别时，她告诉我，她绝不来打扰我，也让我不要去打扰她。

学生生活就此结束了，将来的社会生活如何不可知，我坚信只要努力奋斗便有出路。

十二　少年鸿鹄欲冲天

八月二十日上午,我带着学校的分配通知书,来到东珠市口小学报到。这里距二、三姐家都很近,我非常熟悉。

学校都是平房,由前院、中院和后院三个小院组成。在工友的指点下,我来到校长办公室,只见迎面的墙上挂着一面很大的北京市模范学校的大锦旗。我站在校长桌前,很有礼貌地和她打了招呼,并很规矩的地鞠了一躬,顺手把介绍递给校长说:"学生张复升前来报到。"

于校长四十多岁,微胖,个子不高,圆脸单眼皮。她把我的档案袋从桌内拿出来说:"你的档案,从初中到师范三年的成绩单和评语,我们都看了。我们都知道你是个非常优秀的学生,虽然因病没有参加毕业实习,我们相信你是能胜任教师这一职务的。今后好好地干,积极要求进步,你定能成为又红又专的人民教师的。"我很有礼貌地点头应诺,感谢学校的信任和鼓励。她突然笑着问我:"你上中学时学习非常好,还获得了北京市金质奖章,为什么没有上高中准备考大学呢?"我站起来微微一笑,低下头说:"皆因家庭经济困难之极,没有上高中,而上了师范。"校长说:"太可惜了。"她又问了我最近的身体情况,然后教务主任孟主任给了我八月份的工资三十二元,并领着我来到中院东屋的小屋里,说这是我的宿舍,让我尽快搬进来,准备开学后的工作。

　　出了学校向西,我便来到了三姐家,母亲和三姐知道我分配的事后,非常高兴,尤其是母亲更是欣喜无比。当时我拿出十元钱给了三姐,做为家庭生活补贴,并承诺月月如此,做为多年培养的回报。又拿出五元给母亲做零花钱。晚饭时给三姐夫买了瓶白酒,姐夫很高兴。

　　第二天,我从师范把收拾好的东西带上,来到了东珠市口小学。安排好住处后,我就去找地方吃饭,因学校里没有食堂,老师们多半是带饭或回家吃饭,我只能到街道食堂去吃。没有想到在食堂里,碰到我的老乡周中兰,她和我的两个姐姐关系很好,我们之间就像亲姐弟一样。她是街道干部,办食堂她是发起人之一。就这样,我便一天三餐均在此用餐。有住有吃的地方,心里很踏实。

下午回到学校，我看到贺老师风风火火地走出走进，忙着准备全校师生的课本教材之事。我便毛遂自荐帮助他，他非常高兴。我向贺老师提出我的建议，根据我在学校帮图书老师进书的经验提出两点，一，在工人们卸车时，指导工人们把书直接按年级学科码放好，便于整理，省时而省力。二，必须当面清点数目，以免以后的麻烦。贺老师非常同意。我们只用一天的时间，便按班级人数，把书分好码好，一目了然，各班老师领走即可。原本三天的工作量，今天一天便轻松完成了。

　　我的工作能力，校长和主任很快便知道了。开学前三天，全校老师返校提前上班，开全校教师会，布置下学期老师们的工作任务。在会议开始，校长首先向大家介绍新来的教师张复升，我站起来向大家鞠躬，谢谢大家的鼓掌欢迎。在会上校长示意我谈谈对老师两字的含义和理解。我站起来红着脸直摇着手说：

　　"我还没有站上讲台，哪有资格在老师们面前妄谈，我说出来大家千万别见笑。我以为老师之职是高尚的，光从字的结构上便能知道，教字，左部为孝，孝是人之根本，是代表道德品质的意思，右部是文，代表文化知识，由此看出我们教学生，既教文化知识还要教学生的道德品质，缺一不为教。师是为人师表，不仅是在穿着打扮上，要朴素大方成为学生的表率，更主要的是老师的言谈举止，也要成为学生的表率，当老师受人尊敬，更重要的是自在。"

这几句简单扼要的话刚讲完，老师们给予我热烈的掌声。孟主任高声赞扬说"我还是第一次听到这精辟的论述，小张能这样深透地理解教师二字，太难得了，我自愧不如。希望大家记住小张的讲述，做一个称职的教师，千万不要给教师二字抹黑。"会后大家都对我报以赞许的目光。孟主任告诉我，"你暂时教四年级一班的语文，兼班主任，因为原班主任兰老师生孩子休假。这个班是乱班，你有什么困难和我说，我尽量帮助你。我发现你才华横溢，定能胜任。"他给了我教材，让我抓紧时间备好课。

开学了，我在黑板上方贴了八个红色大字，勤奋、向上、团结、快乐，黑板的两侧贴了用毛笔写的端庄的颜体楷书对联：书山有路勤为径，学海无涯苦作舟，后面墙上用天蓝色纸做底，上面贴上用红色纸写的字：光荣榜，学习园地。最后我在黑板正中央写了"同学们好"几个行楷大字。第二天有很多老师跑来参观我与众不同的教室布置。校长和孟主任尤其对我的书法特长表示看好，会书法是青年教师中稀有的。大队辅导老师告诉我，写份入团申请书，尽快交给她。

第一次以老师的身份站在讲台上，和很多不认识的小朋友相见，我心中不免有点忐忑，但我并不心慌。我胸有成竹。按着我早想好的，自己做到两个净化：首先是形象净化，穿着打扮要庄重自然不做作。我穿上洗得发白的小直领学生装，领扣都扣好，头发整洁，用小镜子照了照自感满意。再者告诫自己要净化语言，要低音教学，绝对不能高声喊叫，高声喊叫是粗野无能的表现，说话时，吐字要清楚，绝对不能有口头语，要简洁明了，这样定会使学生感觉既新鲜又高大，产生敬畏之感。

上课铃一响，在孟主任的陪同下，我很自然地走进教室，站上讲台。班长喊起立，并带大家齐声高喊："老师好！"我示意同学们落坐，并回答：同学们好！然后做自我介绍。我把名字写在黑板上，并告诉同学们，我是他们的班主任，并教语文课。最后，我郑重地告诉同学们，"不论在课上和课下，我只称呼同学们的名而不叫姓，如李玉林同学，今后我称呼你为玉林同学，当然两个字的同学，我只能姓和名一起叫了。"我告诉大家说："这样称呼是亲切的，咱们是师生关系，是平等的，是朋友的关系。"然后我又当众宣读了我自己编写的几条老师守则，念给同学们听，希望同学监督我。

接下来，我在黑板上写了两个字："学问，"然后讲解这两个字的含义：要想学到知识和本领，必须要问，在学习的过程中，或上课没有听明白的地方，大家一定大胆地问老师，只有问明白了问清楚了才能获得知识和学问。我还告诉同学们："你们都是好学生好孩子，如果哪位同学没有学好或做错了事，你们自己有责任，但老师更有责任。教不严师之惰，所以老师有责任严格地要求你们，今后咱们大家师生共同努力，互相督促，互相帮助，共同进步。"这时下课铃响了，我的第一节课便结束了。

我给自己制定了几项工作方案：对学生的政策是怀柔和亲和

方针，少批评多表扬，尽量多地和学生们在一起，观察和了解他们。尤其对那些所谓的爱闹事的学生，要格外重视，只要他们有点滴进步，就当众表扬。在课上要多关注他们，让他们有表现的机会，有错在底下交谈指出，绝对不要叫到办公室当众去训斥。要给他留面子，提高他的自尊和自信。我绝不随意请家长，我以为这是老师无能的表现。

对待老师和同事我以温良恭谦让的态度去相处，对待教学我做到认真备课。为了使学生们听明白清楚，我重视每一课的时代背景和作者介绍这个重要环节，做到尽量详尽而细致。这是别的老师都很忽略的，我则相反，我尽量地去丰富其内容，以增加学生的知识面，满足其求知欲。对于课文，我以讲故事的方式去讲，使学生感兴趣；还要富于感情地去朗诵课文，声情并茂，使学生为课文中的故事和人物而感动。然后把每段的生词、重点词找出来认真讲解，最后讲解文章的中心思想和写作方法以及修辞方法。我会根据课文的不同内容，变化不同的教学方式和方法，让学生总有种新鲜感。

学校的于校长和孟主任，经常来听我的课，对我的课极为满意和欣赏，评价很高，让我给全校老师做公开教学课。第一次公开课是讲列宁和卫兵的课文。我把课文编成小短剧，让学生分别扮成列宁和卫兵，学生们极感兴趣。我把列宁领导的苏联十月革命的时代背景和课文的内容编成旁白，有独白又有学生的集体朗诵。学生们的演出和集体朗诵都极其投入，公开课变成了独幕话剧，这堂课非常成功，使领导和全体老师感到震惊，给了我极高的评价。

第二次公开课是教学生如何写叙事文的作文课，这种纯理论性的课最难上。我选了一篇故事性很强的范文，以讲评书的方式讲故事，全班学生听得鸦雀无声，全神贯注。当讲到最高潮时，便戛然而止，去调学生的胃口和情绪。然后我接着讲故事的发展和结束，把故事讲完后，通过提问的方式，总结出写记叙文的条件：人物，时间地点，故事的发生，发展和结束。我把这些写记叙文的必备条件写在黑板上，最后点出故事的主题思想。这堂高难度的课，我讲得生动，条理清楚明白。

这两堂公开课，尽情展现了我的风采和才华以及知识的广博，全校老师对我这位新老师无不敬佩。

一个月的代课时间很快便到了，兰老师产假结束，重新接班时，学生闹，家长找，要求学校不能换老师。学校再三斟酌，让我教五年级两个班的语文。

有一天晚上我正在学校备课，突然听到大街上学生们直嚷嚷，我急忙跑出去，发现有个女学生趴在马路上，同学们告诉我，她让骑车人撞倒了，骑车人跑了。我急忙把学生扶起来，发现她腿和脸都摔破了。我立刻背起学生奔到前门小医院急诊室，大夫检查后，说只是擦破了皮，并无大碍，给消了毒，敷了药。我给学生交了药费，背着她把她送回家。

没想到家长见状急了，认为是我给撞的，对我又喊又嚷，非常不客气。我没有辩解便离开回学校了。第二天刚上课，学生家长带着学生找到学校领导，说了昨天晚上发生的事，说误解了我，非要领导带她当面赔罪道歉，并还给我垫付的药费。学校领导对我的表现极其满意，把我的一切表现情况都上报了崇文区教育局。十一月初，《北京晚报》的记者来了，对我进行了采访，又录音又照相。没过两天，文章发表了：《教育战线上的新英才》，报道了我的事迹和照片。

这件事更加激发了我的干劲，当时真有点鸿鹄之志欲冲天的劲头。我的备课和讲课更加认真努力了，备课笔记字迹工整漂亮，条理清楚，写得详细而不杂乱，重点突出，总结简洁明了，语言精准。孟主任将我的备课笔记在全校展览，让大家学习，最后送到了区教育局的教研室，供科研人员参考。

在这期间，我做了件违心的错事，每次想起来都深感内疚，觉得对不起张启群老师。

张启群老师是海军复员兵，平时说话很随意，不考虑政治影响，经常有定量不够吃的言论，牢骚满腹，影响很大。学校党支部和团支部组织老师们开会批判他的言行。于校长知道我知识丰富而且文笔又好，让我写稿，在会上发言，还告诉我这是团组织对我的考验，是入团的关键时刻。

我真心不愿意去批判别人，何况吃不饱是事实。但迫于领导的要求，便违心地发了言。当然发言的不是我一人。写发言稿时，我特意跑到崇文图书馆查了资料，营养学上讲，每人三十六斤定量是完全满足身体需要的，感到饿是假饿现象。尽管如此，我还是很内疚。

没过半年，张老师被以"不适合当老师"的理由，调到昌平林场去种树了，不久因吃了死河蟹而中毒身亡。

一个周六的晚上，体育老师小芦来学校找我和张铁铮聊天，得知我是体操三段运动员，非让我教他体操动作。在他的再三请求下我便答应了，在北院铺上体操垫子开始示范。垫子又破又薄，我当时也没有做准备活动，便给他示范了两个动作，在做直腿后滚翻接推起倒立之时，一下没有推起来，胸椎处有种挫伤的疼痛。当时疼了十天左右便过去了，我也就没在意。

自那天晚上以后，我经常感觉背疼，吃了止痛药便不疼了，我便仍然没有在意，继续全身心地投入工作中。为了给自己充电，我一有空余时间就到崇文图书馆去看书、查找资料。学校还曾怀疑我在外面找女朋友搞对象，私下找我谈话，让我以后去图书馆时，必须叫同事同去，我欣然同意了。

十三　华年折翅坠深渊

正当我踌躇满志时，我的身体出了大问题。后背虽然不疼了，但腿不好使了，感觉麻木无力，有时稍有不慎，腿就无力地跪下。一开始我还坚持上课，但不到一周时间，我便不能走路了。我只好到同仁医院的骨科检查，诊断结果是胸椎结核引起下肢瘫痪，必须马上住院治疗。但眼下没有床位，只能等待，有了床位才能住院。

听到"瘫痪"二字，我如遭五雷轰顶，无法接受这个残酷的现实。痛苦中的我曾经想到过死，无论谁的劝解也无济于事。

终于接受现实之后，我把全部希望寄托在治疗上。然而当时最难的是，由于我需要人照顾，住学校已经不可能了。这时孟主任通过关系，把我送到东城帅府园中医医院治疗，边治疗边等待同仁医院的床位。

帅府园医院一个病房住八个病人，很拥挤，多半都是老年病人。有了暂时住处，我心里稍平静了些。这时我已完全不能下床了，每天针灸吃中药，躺在床上，眼望天花板，痛苦之极，欲哭无泪。整天没有一句话。有一天晚上，因控制不住大便，急得我从病床上摔到地上。一位年轻的护士跑过来，帮我脱掉弄脏的衣服，换掉床上的用品，把我抱起来放回床上。我面对年轻女护士，羞愧难当，但求速死，当即将头用力撞向床头。护士边安慰我边给我擦洗全身，使我特别感动，情绪渐渐地平静下来。

在帅府园医院住了十几天，所有的治疗没有起到任何效果，我的下肢完全不能动了，大小便也失禁了。终于，我收到了同仁医院的入院通知，立刻被送到同仁医院骨科病房住院。我把一切希望都寄托在医院的手术治疗上。

六一年十二月中旬，我住进了北京同仁医院的骨科三号病房。这时我心里踏实平静了很多，认为只要做完手术，便能站起来了。但住院后不能马上手术，需要进行全面身体检查，血，尿，透视照片子，脊椎穿刺和病灶，等等。医院认为我的身体太弱，需要补充营养，增强体质，因为这是个大手术。当时，全国正处在自然灾难的时期，医院里也没有高营养的鸡鸭鱼肉。每天除了吃药和打针外，也就是输葡萄糖盐水，以增强体质，增加免疫力。因我当时正处在结核活动期，每天都在发烧，为了控制结核，还要注射链霉素，吃抗结核的药片。我下肢已完全瘫痪，双腿不但不能动，而且完全失去了感觉，大小便不能自理。为了防止产生褥疮，每天护士帮我翻身。尽管如此，褥疮还是发生了，这也是我发烧的原因之一。为了防止泌尿系统的感染，防止尿回流，给我插了尿管，每周还要灌肠洗大便。我成了骨科病房中需要特别照顾的病人，和重点护理的对象。说起这些护士大姐们，心里的感触很多，我真心感谢她们对我的关心和照顾，给了我活下去的勇气。

当时我就是个没有思想的木头人，任人摆布。在这时期，学校领导和老师们，分期分批来医院探望我，安慰我，看到我面黄肌瘦的身体，呆滞的眼神，只能叹着气离去。

医院的生活是单调的，寂寞的，再加上我的心情又极坏，和病房中的病友，没有一句话可谈。接触最多的，而且是我住院生活中极为重要的人，就是骨科内的那些护士大姐们。年纪最大的是陈姐和聂姐，陈姐身体高大壮实，最突出的是她那大脑门，说话的声音和嗓门都像男的，平日没有一点笑容，工作严肃认真。她是骨科护士长，负责接大夫的医嘱给病人配药。聂姐和陈姐正相反，身材干瘦而小巧，快手快脚，走路一阵风，说话简短而干脆，但对病人特别热情，对我寄以无限的同情，关心备至。据说她们是美国教会学校培养出来的护士，信仰上帝。两位护士都是老一代的高级护士，忠实自己的事业，很受到病人的好评。年轻的是燕姐，皮姐和傅姐三人，都是二十六七岁的样子，是医院的骨干力量。她们负责给病人打针，送药，护理病人。小燕护士看起来自视清高，她有个军人家庭，已经有二个孩子。小皮护士是个很有性格的人，爱憎分明，追求个性自由，风流时尚。特别值得一提的是小傅护士，我称她为傅姐，身体不高，微胖，长脸型，微黑，戴着眼镜，高度近视，脾气很大，经常对病人发无名之火。但她肯干，打针、喂药、护理病人、搞卫生都很认真。她对我特别同情，给我打针、换药、护理都特别认真细心，使我倍感温暖。

在这入院的两个多月的日子里，使我最感精神折磨的，是大便后的清洗身体和换床单。开始入院时，这种工作都是由护理大杨给我做，他不把我当人对待，而是把我当做物件，随意摆弄来摆弄去，使我羞愧难忍，我只能双手捂住脸，像个木头人一样任其摆布。这种粗手粗脚的野蛮操作，使我的精神和肉体无法忍受。有一次大便后清洗身体时，这情形被傅姐亲眼目睹，她立即把护士长陈姐叫来，陈姐当面批评了大杨。自那以后，洗身体换尿管之事，便由傅姐为我做了。

傅姐的操作完全不同于老杨。她每次都用屏风把我的床围起来，形成个相对封闭的空间和环境，使我在精神上得到了很大的安慰。整个的操作过程，她都是细心温柔的。在排便时还用手轻柔我的肚子，刺激大便的蠕动，使其自然排便，然后给我用温水擦洗干净，盖好被子后，才撤掉屏风。同时与我说话聊天，笑容可掬，使我倍感温暖。她对我的帮助使我精神特别放松。不知为什么，她对别的病人会发无名脾气，可对我从来没有发脾气，总是和颜悦色，而且每到空闲之时，就坐在我床边与我聊天，完全像位大姐姐一样，亲切如家人，我从心里非常感激她。

春节到了。三十那天的下午，傅姐来到我的病床前，告诉我她要回家过年，放假两天，初二便可以回来。同时把她的收音机给我，让我在三十晚上听节目消磨时间，又嘱咐我很多话，才告辞离去。她走后，我不知道为什么，心中竟有失落感。每逢佳节倍思亲，三十晚上，我躺在病床上，往年和母亲、姐姐和哥哥一起过年的情景，和同学们在学校一起过年的景象，像演电影一样，历历在目。看看现在如同废人一样的自己，我心里特别难过，将头埋在被子里哭了很久很久。

实在睡不着觉，我便打开傅姐的收音机，收听春节文艺晚会，但因心情不好，听了也没有一点乐趣，便索性关掉。什么时候睡着了也不清楚。第二天，母亲送来饺子，春节就这样过去了。初二的晚上傅姐回来了，来到我病房坐在床前，跟我说在家过年的情况。她拿出饭盒，里面装的是酸菜粉条白条肉，这是她最爱吃的，她让我吃点，我以怕酸为由谢绝，但她用筷子夹了几片肉喂到我嘴里让我吃了。我很感谢她，但别无任何回报，只能将这份感激深埋于心中。

一般人们都怕做手术，可我急切地盼望开刀手术，只要能站起来走路，挨几刀都无所谓。越盼望感觉时间过的越慢。好不容易盼到二月初，终于，王大夫告诉我手术日期确定了。

手术的前天下午，傅姐给我消毒刮剃皮毛，很细心地刮了两遍，用酒精消了毒，接着又给我洗了肠。晚上不能吃饭喝水，傅姐便在我旁边陪我聊了很久，安慰我，鼓励我不要害怕，像哄小孩一样。临离开前她又让我吃了片安眠药，好好休息。

三月五日清晨八点，护士就把我用手术车推到了手术室。我心里很平静，没有害怕，也没有任何想法，脑子里是一片空白。手术室内很凉。两个戴着大蓝口罩的护士，忙来忙去，最后把我抬到手术床上，给我打了镇静药，我脑子开始迷糊起来，最后护士把乙醚麻醉罩往我口鼻上一扣，我便什么都不知道了。没有思想，没有了任何痛苦，这样的死法太美好了，倒希望永远不要清醒才好。

我一直昏迷到下午五六点钟才醒过来，浑身感觉非常不舒服，胳膊上输着药液和血，鼻子上插着氧气管，总之插满了管子。当时我是护理重点，不允许家属陪住，在我睁开眼的瞬间，看到的是傅姐和聂姐站在我的床前，我不由自主地流泪了。接着我又睡过去。第二天醒来时，傅姐依然在我床前，给我喂水和流食。因为只能平躺，不能翻身，我浑身疼痛难受。我还在发高烧，整天昏昏欲睡。除了输液、输血、吃药、打针退烧外，聂姐和傅姐还轮流给我用酒精擦身，物理降温。这样过了三天，我的脑子才完全清醒起来。

后来傅姐告诉我这次手术的情况：这次手术叫胸椎减压，是从后背正面剖开。主刀人是同仁医院副院长孙永利大夫。我的胸椎均被结核菌侵蚀，其中第六椎体最严重，已经突出变形，还发现压迫椎管内脊髓神经导致坏死。从椎体的正面外侧根本无法手术，无奈便缝合上了。下午两点多钟才把我送回病房。这次手术基本上是失败的，根本的减压问题没有解决。大夫在讨论病案会上，准备给我做第二次手术，必须开胸，从胸腔内切掉压迫物，神经兴奋传导才能恢复。何时再做手术不清楚，要等我的身体恢复后，看情况而定。

傅姐的话使我如同落入冰窟，浑身发冷，一切希望和期望都成了泡影。我的情绪顿时低落了下去，痛苦使我大哭不止。哭声招来了全科的护士，她们责问傅姐和我都说了什么，病案是对病人保密的。我告诉她们傅姐什么都没有说，只是心里和身体特别地难受才哭的，和傅姐没有关系，总算对付过去了。

自那天后，我整天默默无语，总在胡思乱想如何死掉，上吊、跳河、撞汽车、摸电门、喝农药，我都想过，但自己都做不到，真是求生不能，求死不得。曾想积存安眠药，达到一定数量后一次吃掉，在昏睡中结束生命。没想到值班护士对安眠药控制得特别严格，每次都看着我吃掉她们才离开。即便是存下来，也无处可藏，因傅姐三天两头给我整理床铺和床头柜，每次都特别细心，没有半点遗漏的地方。

有一天，傅姐给我洗身体时警告我，"整天这样半死不活的，没有一点男孩子的横劲。虽然这次手术失败了，不是还准备给你做二次手术吗？希望还是有的，绝对不能有绝望的想法。你再这样下去我就不理你也不管你了。你不是爱看书吗？明天我给你借点书来，看看书，省得整天胡思乱想的。"

第二天晚上，傅姐给我送来了几本书，是《红楼梦》和巴金的《家》、《春》、《秋》，她从医院图书馆里借的。这些书虽然我都看过两遍了，但对于这时的我来说却是解除痛苦的灵丹妙药。我告诉傅姐，"我万分感激，以后不胡思乱想了，听天由命，车到山前必有路，水到桥头自然直，过一天算一天吧。"其实，我还特别地怕傅姐不理我，不管我，我对她产生了一种依赖感。

我把心埋在书里，痛苦少了很多，和傅姐的话题也渐渐地多了起来。我常常给她讲书中的故事情节和人物的命运结局。我成了特别听话的小弟弟，一切都按照她的想法去做，生怕她生气。她越来越关心我，吃药、打针之外，对我的护理特别精细和用心，每次还给我擦澡洗头。因我的头发很长，洗起来特别费劲费水，很麻烦，我跟傅姐说下次理发时，我理成光头，这样洗起来方便。傅姐听后用力在我脑门上拍了两下，警告我说："绝对不可以，这样的长发，我看着摸着心里舒服，费劲我乐意！必须听我的，否则就别怪我生气！"我当即答应，顺从了她的意思。渐渐地顺从变成了习惯，一切听她的，这种顺从还真是一种享受。

一次查房，我看到了给我做手术的孙院长。他瘦小的身材，西服革履，戴一副金丝眼镜，讲话慢慢悠悠的，文质彬彬。据说解放前他是位地下党员，解放后成了副院长，但手术水平并不高明。我暗想，由他给我主刀，我真倒霉。骨科的王大夫给我大致讲了我的病情，说准备给我做第二次手术，让我安心静养，以待二次手术。有了王大夫的话，我心里又燃起了希望，看到了光明，也就平静多了。

随着时间的推移，我和傅姐之间的关系慢慢发生了变化，超出了医患关系，也胜过了姐弟关系，我们之间无话不说了。我逐渐把我的家庭和亲友的情况，都讲给她听，她听得很认真，问得也很仔细。我和女同学之间交往的事，也都毫无保留地告诉了她。当我讲到我在天坛医院遇到杨洁大夫的情况时，傅姐问我，她和杨洁相比，除了年龄差异之外，感情上有什么区别，我如实告诉傅姐大有不同，杨浩和我之间只是青年人的冲动，还谈不上有感情，我们接触的时间短，互相之间不了解。而我们在这大半年的时间里，她为我做的一切，我都深深地感激，因客观条件不能报答而已。傅姐告诉我，她从可怜我，同情我，渐渐地从心里喜欢上了我，很高兴为我做一切事情。我听后，不知道为什么也有过去对杨洁那样的冲动。但凭我的家庭情况、经济情况和我现在的身体状况，我一个瘫痪在床的废人，哪有资格去奢望别人对自己恩赐的感情？我以为傅姐是为了挽救我而这样说的，我暗自告诫自己，今后千万不能说错话，做错事，对不起傅姐，失去这种姐弟之情。我要尽自己最大的努力去做傅姐喜欢的事，说傅姐喜欢听的话，她让我做什么，只要我能做到的，我定要顺从她。

在以后的聊天中，傅姐也把她自己的情况都如实讲给我听。她的祖上是山东人，爷爷为谋生而来到北京怀柔县，在城外上堂村落户安家。爷爷生子二人，父亲傅春山，因做粉条生意，搬入怀柔县城内的新贤街，娶了母亲赵氏。母亲娘家是顺义人，姐弟二人，家中生活殷实，土改时被定为地主。父母生了她们姐妹四人，大姐傅淑云，傅姐为老二，三妹叫傅淑兰，四妹傅淑芝。在一九三五年的腊月初六，傅姐出生后不久，在大妈的挑拨下，父亲和大爷分了家。她的母亲很要强，整日忙着做生意和家务，把傅姐放在炕上没人管，自然生长，七岁时傅姐得了严重的红眼病，没有得到很好的治疗，一只眼睛的黄斑结了疤，影响了左眼的视力，以后才变成了高度近视。她十六岁时两个大腿内侧生了两个大包，红肿得厉害，化了脓，在县诊所内治疗半年才好，留下了深疤。说着她趁没人注意，拉住我的手让我从裙子下面去摸她大腿内侧的伤疤。长大后父母更无暇管她，她养成了自由放肆的性格，自己想如何就如何。她一边上学一边帮助父母做粉条生意。家中没有男孩，她就成了男劳动力。每天放学后就帮助挑水，练出了结实的身体，但腰部受了伤，经常腰疼。一九五四年来北京上中学，考入同仁医院主办的护士班，毕业后留在了同仁医院。她各科室都待过，最后来到了骨科，已经工作八年了。现年二十九岁，属鸡的。她的大姐在她的影响下，也来北京参加工作，在国棉一厂上班，早已结婚。傅姐说别人曾给她介绍两个男朋友，她自感不合适，很快便结束了。现在正与医院放射科的小管交往中。此人是回民，性格和生活习惯上都感觉很别扭，而且她总感觉对方很俗气，虽交往了半年之久，但从心里没有那种爱的感觉，不想和他结婚。要不是父母和姐姐的督促，他们早就结束了。我们之间经常进行这样推心置腹的谈话，谁对谁都没有隐私。

很快，四个月过去了，好不容易盼到第二次手术，骨科特意聘请了著名专家、胸外科主任张天明大夫为我主刀。

七月二十日手术，头天下午，还是傅姐给我做了术前的一切准备工作，项项都做得精心仔细。当晚她下班后，还来到我床前安抚我，很晚才走。有了第一次手术的经验，我心里很平静。晚上我睡得很好。第二天，依然是早晨八点钟，手术室的护士把我推走了。临走时傅姐握着我的手用力摇了摇，包含了无限的安慰，祝福和鼓励。

进了手术室后，和上次一样，当麻醉罩一扣，我便又一次去了天堂，什么都不知道了。当我醒来，已经是晚上七点钟了，我躺在单间特护室的病床上。我睁开眼没有看见任何人，片刻之后便又昏昏睡去，整整昏睡了两天，不吃不喝，完全靠输液维持生命。我发着高烧，浑身及其难受，三天后才真正清醒过来。睁眼的刹那，看到傅姐站在我床头，我顿时泪流满面，傅姐也流了泪。傅姐喂我喝了很多水。我没有说话便又睡去了。第四天是聂姐值白班，给我喂了鸡蛋汤、牛奶和粥。我体温仍然很高。虽然完全清醒了，但浑身无力难受，吃完喝完后，还是沉睡。晚上是傅姐值班，傅姐喂我喝了很多水，给我拿来冰袋，枕在头下，又用酒精给我擦身体，物理降温。她告诉我发烧是手术后的正常反应，只要伤口不发炎，就没有关系。她看我痛苦的样子，便拿来止痛药给我服下，看我没有睡觉的意思，便把白大褂脱掉坐在我床前，用纸扇帮我扇着风，同我说话。她告诉我，这次手术是从胸部右侧开的刀，锯掉两根肋骨，把心肺推开，把粘连的胸膜剥离开，又从内部把胸椎坏死的骨芽和肉芽切掉，去掉压迫脊髓的东西。但因压迫时间太久，脊髓有坏死的现象。手术用了七个多小时。因张大夫不是骨科专家，压迫物是否清除得干净还不清除，只凭一生的感觉去把握。目前看手术情况良好，基本成功，但坏死的脊髓能否恢复，还未可知。在三个月内我不能动弹，必须等这三条椎体长牢固后，才能活动。看来，下肢能否完全恢复运动能力，就只能听天由命了。

在特护病房住了十天，伤口拆线后，我又回到原来骨科的病房，平躺静养，等待脊髓神经的恢复。一切重要的护理工作依然是傅姐为我做，使我感到一种很特别的温暖。绝望和忧愁的冰块，渐渐地被融化了，我有了渴望生存的期盼。

不到一个月后，我的下肢有了种蚂蚁爬动般的感觉，皮肤渐渐地有了触觉和温度感。我高兴极了，这是神经在恢复的表现。自此后，傅姐除了帮我按摩后背外，又增加了下肢按摩，和帮我做伸屈腿的动作。一是为了增加全身的血循环，二是为了防止下肢关节的僵化，三是增加下肢肌肉的力量，就是现在的所谓康复治疗。这完全是个力气活，十几分钟后，傅姐便满头大汗。每到此时，我就很心疼，让傅姐休息，但她乐此不疲，每天都坚持帮我做二十分钟的康复运动。

慢慢地我能够自己翻身了，虽然很吃力费劲。她不让我坐起，更不准我下床，说骨头还没有完全长好，乱动会造成胸椎变形和骨折，前功尽弃，绝对不能操之过急。一次傅姐给我更换尿管时，她故意试探我的男性功能是否恢复，用手轻柔温暖地抚摩，万没有想到，我不但有感觉，而且热血沸腾，情不能控，把傅姐弄得秽物满手。我赶紧给傅姐拱手作揖，请她原谅，千万别生气。可是傅姐不但不生气，反而极为兴奋和高兴，她说这是她希望看到的功能恢复，是天大的好事。她这次没有给我插尿管，给我拿来尿壶，让我自己小便。我不仅能自己完成，而且还能控制。王大夫知道这一好消息后，还特意来到病房，给我检查了一遍。我的神经功能在不断地恢复中。自此后，我脸上有了笑容。傅姐和我更接近了，说话中增加了情意绵绵的爱意。我也感觉离不开她了，一日不见便如隔三秋。

手术后的三个月，我基本上大小便能自理了，也能在床上坐起来了，我脸上又焕发出青年的朝气。傅姐经常推我去澡堂洗澡。有一次，我躺在澡盒里，享受着傅姐对我的抚爱，控制不住，回报给傅姐一个热吻，她不但接受了，而且欣喜之极。有时晚上，她用手术车推我到楼层的平台上去乘凉，享受新鲜空气。

我们的亲密关系，早就引起了同事们的注意，护士长陈姐有时会突然闯进病房，看我和傅姐在做什么。有一次，护士小燕神秘地告诉我说："傅姐现在和小管在热恋，可能很快就结婚了，你是个下肢瘫痪的病人，她不会真心和你好，是拿你解闷寻开心的，别当真，否则是很痛苦的。"这些话使我想了很久，傅姐和小管搞对象我是清楚的，小燕的话是挑拨性的，但她说的又是事实。我警告自己，绝对不能奢望傅姐为我牺牲终身。那只有顺其自然吧，不管将来如何，只要现在傅姐对我好，我就心满意足了。我知道傅姐的脾气，怕影响她们之间的同事关系，我没有告诉傅姐这些事。

我暗自庆幸自己是工作之后才病倒的，能享受公费医疗，一切费用都由国家报销，否则，就是家破人亡也无济于事。因我工作还不到半年，还没有转正，故我工资只能拿一半，也就是十六元。但学校很不错，每月给我十元的生活补助，用来支付医院的生活费用，这就是我不幸中的万幸。

十一月中旬的一天下午，傅姐和往常一样，工作之余，来到我床前和我聊天。她给我讲了个猪女婿的故事后，很郑重地说："我鬼迷了心窍，越来越喜欢你，一天见不到你，我心里就特别地难受，只要看到你，心里就高兴。我下决心了，我要嫁给你，和你永远生活在一起，如果你的病好不了，我养你一辈子。但是我清楚地告诉你，我比你大七岁，而且长得不美。今天我的话是真心的，不是一时的冲动。你是否同意，希望你认真地想一想，明天告诉我。"说完便走了。

当时我真不相信这是真的，如同做梦，我目瞪口呆，不知说什么好。我当然同意了，我感觉自己已经离不开傅姐了，对她有了很大的依赖感。可是我又一想，我现在是个下肢瘫痪的病人，根本没有资格享受这种幸福。如果我真的永远恢复不了，怎么办？那天夜里我思前想后，失眠了。

在傅姐身上，我看到了真心疼爱过我的人的影子。傅姐像齐翔云那样执着地追求喜欢的人，又像杨洁那样充满爱的激情。这两个人不同的爱，在傅姐身上我都感觉得到。难道真是上天的安排，让我们在病房里相遇！最后我决心，听从老天爷的安排，接受傅姐对我的真爱，将来我要用真心回报她。

第二天，傅姐故意没有来我床前，每次匆匆进出病房，故意不看我一眼，而且没有给我做康复治疗，使我心里忐忑不安，怀疑傅姐变卦了，在不安中熬过了一天。晚饭后不久，傅姐穿了身很漂亮的长布拉吉裙子，头发梳洗得很整齐，微笑着走过来，坐在我的床前。病房的病人都司空见惯了，见这情形便都到楼里的平台上去乘凉了，只有一个打了石膏的老年病人在，离我的床很远。我猛地抓住傅姐的手，激动得眼泪都流出来了，语无伦次地说："傅姐你说的都是真的，不是为同情我，安慰我而说的，能和你永远生活在一起，早已是我梦中的事情了，这突然的到来，使我如同在做梦，你不后悔就成。"说着我一头扑在傅姐的怀里，幸福地笑了。傅姐搬住我的头，热烈地吻了我。也不管老年病人是否看到，也不怕别人突然闯进来。她把我扶回床上躺下后对我说："别有其它的想法，从今天开始，我的心和身体是你的，你的心和身体是我的，谁也不能变了。"说着她从口袋里拿出一枚金戒指，给我戴在手上，"以此为证，告诉你母亲和姐姐吧。以后你出了院，一有了住处咱们就结婚，现在的当务之急，就是把病养好，以后咱们还和以前一样，不要让别人看出来就成。昨天你肯定没有睡好，今天就踏踏实实睡一宿。"说完拍了拍我的脸，便走了。我摸着手上的信物，想着傅姐的话，想着傅姐以往对我的关爱，我真地做了一场美梦。

周日下午，母亲和三姐来看我，我便将和傅姐的事如实地告诉她们。母亲自然高兴。自此后我便有了依靠，有人疼我了。但是我很内疚的是，咱没有任何东西给人家。我同时告诉三姐，让她和三哥商量一下，想办法去单位给我要间房。将来我出院后，必须有间房住着养病，住学校是不可能的。三姐同意抓紧找房子，她对我说："找房主要是为了养病，结婚的事要看发展，人的想法是有变化的，别说还没有结婚，就是结了婚，人家要离婚，也是没有办法的。"总之三姐还有点怀疑。母亲和三姐离开时在楼道里碰见了傅姐，傅姐微笑着和她们打了招呼。傅姐每天依然坚持帮助我活动下肢，进行恢复治疗，经常不断的推我去洗澡。我们都沉浸在幸福之中。

转眼就到了元旦，傅姐突然告诉我，她被调走了，调往门头沟区医院，说是为了支援郊区。这真是晴天霹雳，把我击入痛苦的深渊。我仔细地想了想，大概是因为傅姐出身不好，更主要是因为傅姐的脾气，我行我素，和领导同事之间的关系不协调，才会遭到这样的安排。周日，三姐来医院探望我，并告诉我，傅姐把自己的户口迁到了南孝顺胡同三姐处，并把两个箱子放在三姐家里，让三姐转告我好好养病。当时我的心情真是靠山山倒，靠水水干。

到了三月份，我的二次手术已过半年，病情基本稳定了，下肢运动有很大的恢复，但还没办法下地。王大夫说："因脊髓神经受压的时间太长，部分神经有坏死现象，将来不可避免会留有后遗症，大夫已经无能为力了。今后应当加强功能锻炼，准备出院。"这时我和家人都特别着急，因为房子还没有解决，出院后在何处养病就是个问题。三姐和三姐夫多次找学校和区教育局申诉困难，要求帮助。二姐夫也曾两次找校长，干脆申明，如果房子解决不了，病人出院时，就把病人放到办公室内，任学校处理。二姐夫摆出蛮不讲理的架势，他那说得出做得到的劲头，使校长也没有了办法，只好跑到区教育局反映情况。区教育局了解情况后，认为我确实有实际困难，问题便很快解决了。

十四　生活重新开始

　　房子在宣武区钱市胡同五号，东房一间，八平方米左右。距三姐家只隔着一条前门大街，来去很方便。全家人很高兴，母亲尤甚。三姐和母亲忙了数日，打扫房子。他们用白石灰刷房，一是消毒，二是使房间里显得干净。母亲又在信托公司买了张旧的小双人床和一张单人床，从三姐家搬了个大茶几和两个方凳，摆放在屋里，再把傅姐的二只箱子搬来摆好。母亲倾尽手中所有的钱，买了锅碗、炉子和其他生活必须用品，又用一只小木箱子钉了个小碗橱，这样一个极其简陋的家便建成了。

　　钱市胡同是个只有一米多宽一百多米长的小胡同。它在北京可是有名的胡同，解放前这里是换汇和股票交易的地方。6号院是交易的场所，是北京各大商家经常出没的地方。解放后这里变成了民宅，住在这里的都是平民百姓。对于紧邻的繁华的大栅栏，穷苦老百姓，只有饱饱眼福的份儿了。三月五号，我在母亲的陪同下出院了，同仁医院用汽车把我送到家，用单架把我抬进屋里，引起了胡同的街坊和院里邻居们的注意，都用异样的眼光注视我们这一老一残。

五号院是个很小的院子，只有李姓一家，住着大嫂赵氏和她的儿女，丈夫已亡。赵氏在大栅栏内瑞袂祥制衣车间做女工，身患风湿病，整天是病恹恹的，但很要强。大女儿叫李金坤，初中毕业后在大栅栏眼镜店当售货员，因积极要求进步，调入大栅栏商场管理处当了干部，后嫁给防化兵军官，她是她妈的骄傲。二女儿叫李金研，我搬入时她刚上中学，长得白白净净的，见人就低头。小儿子李文鹏是她妈的心肝宝贝，刚上小学很淘气。西房两间是大嫂的弟弟一家，俩大人和一群孩子住。

我们这一老一残，搬进院里如何与他们相处打交道，如何能自立而不被欺侮，还要得到他们的欢迎和尊重，让我费了一番心血。要想获得他人尊重必先尊重他人，我们首先是对他们大人孩子都很尊重。他们因为家庭经济困难都被街道歧视，受到我们的尊重，她们很高兴。院子很小，每次孩子们往我门口一站，或是往里探望时，我不是嫌弃和驱赶，而是把他们请进来，和蔼地和他们聊天说话，有时给他们讲点故事或笑话，让孩子们乐意接近我。孩子们都特别乐意到我屋里来，然后我帮助他们完成功课。上中学的李文通，李文伟和女孩李金研，语文、数学、物理、化学我都能给他们讲。孩子们高兴，家长看在眼里，也都非常敬佩我。我这不花钱的家庭教师，无处去找，名声渐渐地传出去了。胡同里很多孩子都来找我请教。胡同口刘家的二个男孩刘有秋和刘毅秋，也成了我家的常客。除了帮助他们做功课，我还经常利用晚上时间，给他们讲西游记、水浒、三国，不但孩子们听得入迷，连家长和大人都来听，每天晚上我们家都挤满了人。就这样，我成了全胡同最受欢迎的人，不论大人孩子都称我舅舅，称母亲为姥姥，亲如一家。远亲不如近邻，邻居们也给了我很大的帮助。

邻居家孩子多，经济十分困难，整顿饭都是窝头咸菜。我们只要改善生活，绝对不会忘记给最小的孩子留一点。东西虽然不多，但礼轻情义重。邻居大伟的母亲文氏是个瘦小的女人，她家中有点大事小情，都会主动找我说一说，让我帮着参谋。金坤、金妍搞对象都多次征求我的看法，甚至把男朋友领到我家让我给看看。我们相处近十年，没有闹一点矛盾，很像亲朋好友。我搬家后，与他们仍然保持联系，逢年过节都互相拜访。总之，我们母子在街坊邻居中站住了脚，声誉特别好，街道主任杨森对我们母子评价极高，以后在诸方面都给了我们很大的帮助。

出院后虽然有了自己的家，但各方面都极其困难。工资只有十六元，学校不但不给生活补助，反而每月还要扣掉八元当还医院的费用。只有靠三姐二姐每月给我点补助，东北的四姐和哥哥也经常不断给邮点钱来，勉强维持生活。身体虽有很大的恢复，但不像期盼的那样快。只能学站，还不能走，两脚一着地就头晕恶心，两腿颤抖不已，心跳如擂鼓，满头大汗。我身体极度虚弱，但口粮都不足，更别提高营养补充。为了填饱肚子，母亲托人买了很多麦麸，掺到面中，蒸馒头或烙发面饼，这种吃法肠子蠕动好，使大便好了很多。两鬓斑白的老母亲，每天端屎端尿侍奉我，我心急如焚，心里极其不舒服。

我早已将出院的请况写信告诉了傅姐，可是一直没有收到任何回音，令我心里非常不踏实。感情的危机，经济的危机，身体恢复太慢的危机，使我产生了轻生的念头。我曾几次趁母亲不在家时，想触电解决这无用之身，或绝食而亡。但想起母亲慈祥任劳任怨的样子，我便无法下决心。人们常说："人生多磨炼，没有过不去的火焰山。唐僧经过九九八十一难，终于取回真经。人来到世上，受苦受难是老天爷对你的考验，应该听天由命。"我真正体会到了人生多苦难这句话了。

五一劳动节到了。头天晚上七点来钟，我正坐靠在床头，练习站立，傅姐身穿漂亮的套装，手提书包，春风满面地闯了进来。我几乎从床上栽下来！傅姐紧走两步把我抱住，我激动万分，语无伦次不知说什么好。我们足有四个月没有见面了，日夜想念的人，突然站在面前，激动之情可想而知。

傅姐把东西放在床上，环视屋内一圈后，在我身边坐下。母亲给她端来一杯水，给我端了碗挂面。我边吃边小声地问傅姐："今晚还走吗？"她反问我："你说呢，这么晚了让我去睡大街吗？"我听出傅姐不走的意思，高兴地抓住她的手，用力地摇着。

晚上十点多钟，傅姐洗过脸，脱掉外衣，睡在床的内侧。躺下后，我们说着分别后各自的详细情况，说了半宿的话。我们都控制住感情，我再激动，傅姐不表示，我是不敢做出非份之事的，顺从成了我做人的标准。第二天我们都醒得很晚。

转天一早，母亲从西河沿买来早点。饭后，傅姐说："咱们这屋子太寒酸了，根本不像家的样子，应该买两件家具摆上，一者实用二者看着像样，心里才舒服。"她要去前门商店买家具，我把刚收到的四姐和哥哥寄来的三十元钱给了傅姐，让她看着买即可。傅姐去了不久，家具店便送来了一个二屉书桌和二屉小橱柜，院里的街坊帮助抬进摆好，小屋顿时变了样，有了生气，像个温馨的家了。傅姐说共花了五十多元，该花的必须要花。邻居们已看出我们之间的关系，都为我而高兴，客气了几句便离开了。

晚饭后，母亲便去了三姐家，屋里就剩我们俩人。傅姐说我身上太脏了，都有味了，必须洗澡。她出去一会买回了一个很大的洗衣盆，烧了热水，关上门给我洗澡、洗头，还是像过去那样耐心细致。收拾干净后，她便打开箱子找东西。原来傅姐两只木箱里装满了各种布料、衣料，她从中拿出她早就准备好结婚用的红绿色的缎子被面和漂白的被里，并拿出一对上绣鸳鸯戏水的粉红枕套，一床粉色大床单，还有给我做裤子用的毛料。她告诉我，让三姐和母亲做好各方面准备，下次回来就去登记结婚。晚上睡觉时，我再三感谢她对我的付出，让她想好，我现在还是个残废人，今后后悔了，你我都会非常痛苦。她坚决地说："我如果没有想好是不会来的，我的事不用你发愁。"她又一次给我讲了猪女婿的寓言故事：

古时候有一个国王，有个聪明又漂亮的女儿，求婚之人络绎不绝，公主都不同意。她偷偷地爱上了农夫，两人以身相许。国王知道后非常生气，想尽一切办法去破坏和阻止都无用。国王知道公主特别爱干净，就找来巫师，把农夫变成只又脏又丑的猪，养在猪圈里吃屎。没有想到，公主跑到猪圈里，抱着又脏又丑的猪女婿睡，感动了上帝，又把猪女婿变回原样，夫妻生活得很幸福。她说："现在你就是我的猪女婿！"我感动地热吻了她，回报她的真情。

第二天不到六点，傅姐起床赶回门头沟区医院。傅姐走后，我告诉母亲我们准备结婚。母亲高兴极了，按着傅姐的吩咐，忙前忙后地准备着一切。老乡周忠兰和李秀云送来了暖瓶和洗脸盆表示祝贺。整整忙了十天，终于一切就绪。

五月十一日傅姐回来了，看到屋里准备的情况很满意，很高兴。晚上趁母亲不在，她弄了一大盆热水给我洗澡，从头到脚洗得很干净，还给我剪了手和脚的指甲，又从包袱里拿出新的内衣、内裤和外套，准备让我明天穿。临睡前，傅姐自己给自己量体温，我很不解地问她是否病了，她告诉我没有病，身体很好。便低声地给我讲了很多夫妻生活的知识，主要是从女人的方面讲的，生理发育和成熟感情的需求的知识，告诉我做丈夫的应该如何做，才能真正地在生理上和感情上得到幸福。听后我很惭愧，自认为看了很多的书，知道得很多，今天她给我上了很好的一课。她同时告诉我女人最佳生育期，这时生孩子对母亲最好，孩子质量最佳。现在她的身体各方面都很好，是怀孕的最好时间，所以才选在明天结婚，希望能生个长相和气质很像我的男孩。如果一切顺利，明年是龙年，生个属龙的孩子就最好了。她让我今天好好地休息，并告诉我，从明天开始要叫她淑琴。

五月十二日是星期日，三姐夫叫了辆小汽车，上午九点准时来接我们去宣武区民政局办理结婚登记。邻居们见我们上了小汽车，很新奇和惊讶，在当时只有当官的才能坐小汽车。

区民政局是在轿子胡同，结婚登记的人不多，在办公室里，我填好两张表格，在上面还贴了我们的一寸相片。负责登记的人是个男同志，看完表格和户口本，很和蔼地问我们是自由恋爱吗？是自愿的吗？能保证白头到老吗？我们都如实地同声回答了他的所有问话。然后他用钢笔在我们的结婚证上填上我们的名字，盖上了印章，交给我们，并祝我们幸福。淑琴从包里拿出糖来给他，表示谢意。手续就这样办完了。我们已是受法律保护的真正夫妻了。

中午回到家里，满屋子是人，二姐、三姐、院里的邻居们都来向我们祝贺。淑琴给每个人都剥了糖送到口中，表示谢意，大家围在一起吃了顿饺子。热闹中，姐姐说："结婚应该吃饺子，饺子叫子孙勃勃，吃了饺子早生贵子。"最后还让我吃了点面条，寓意是情意绵长，白头到老，得子是长命百岁。吃完饺子，大家就都回家了。

下午淑琴到大栅栏给家人打了电话，受到了家人的责备。她自己一个人在大街上溜达了很长时间，晚上才很委屈地回来了。她走时是满面春风，回来时样子非常不悦。我不敢多问，喝了水，洗完脸和脚，便上床睡觉了。她脸冲墙不说话，我静躺了一会，听到淑琴的哭泣声，我心里慌了，便扳过她的身子，问她为什么这样伤心。她回过身来，擦着眼泪对我说：

"都是因为我嫁给你这样的瘫子，终身大事都没有跟家里人商量，家人骂我是二百五，骂我鬼迷了心窍，问我图你什么，还问我为什么和姓管的吹了，偏偏喜欢上你这个比我小七岁的病人。我没有反驳，任父母骂，等他们骂累了，冷静了，我才说了咱们恋爱的过往。说实在的，我也不知道为什么喜欢上了你，心甘情愿地嫁给你，真是鬼迷了心窍。当初你刚住进骨科病房时，看到你这样的英俊青年变成那样子，我就特别地同情你，可怜你，看到你整天愁眉苦脸的痛苦难过的样子，心里就说不上是什么滋味，总想精心地护理你，陪你说说话，让你痛苦少一点，过得舒服些，尽自己的能力帮助你。谁曾想，在护理你的过程中，我发现你不仅长相英俊，性格脾气，风度气质也很让人喜欢，尤其是那种谦和文雅的举止，让人尊敬和爱慕。久而久之，我的感觉就有了变化。我不愿意继续和放射科的小管来往，他长得尖嘴猴腮，黑不溜秋，小眼睛眯着，从不正眼看人。自己长得不怎么样，还老嫌我长得不好看。他是回民，还特别地讲究，生活上我就不习惯。我调到门头沟区医院这件事，对我的打击特别大，我心里特别痛苦，这时没有任何人去关心我，安慰我，只有你经常给我写信，信上的每句话，都温暖我的心。靠那些信我才度过了最孤独的日子，所以我才决心和你结婚。再者我都已三十岁了，特别想要个长相、性格满意的孩子。如果事先和家里人商量，家里人一定不同意，就会阻拦我，耽误了我的最佳生育期。对于我们的结合，现在我一点不后悔，将来后悔不后悔，我不去想，我也不愿意去想。现在尽管你下肢活动很不方便，但你对我的体贴、理解，都很让我知足。家人虽然还不能完全理解我们之间的感情，但现在又木已成舟了，生米已经做成熟饭，但他们也只好承认咱们的婚事了。母亲最后还嘱咐我，让我今后一定好好地过日子。"我听了淑琴的简单叙述，更加感激她的深厚恩情，我无以报答。我下决心永不背叛她，永不和她吵架拌嘴，要和她举案齐眉，相敬如宾到死。我们的情绪，慢慢地平静了下来。因淑琴明天很早就要上班，我们说了会话便睡了，淑琴天刚亮便走了。

我静静地休息了几天后，决心努力去做康复锻炼，争取早日站起来走路。我开始扶着床和桌子站立，很快就克服了头晕恶心、心慌的毛病，每天都练得满头大汗。饭量增加了，体质恢复了很多。哥哥从老家山东给我邮寄了一副双拐，我便开始架双拐锻炼。先是屋内，然后到院中。能自己走到院子里，呼吸新鲜空气，沐浴在阳光下，我重又感到了生命存在的价值。淑琴几乎每周都回来，看到我的进步非常高兴。她在医院里托人给我开了很多地龟龄丸，让我补肾补养身体，同时还给我借来很多书，都是成套的名著，如巴金，老舍，茅盾全集，还让我在休息时听无线电收音机。这种无微不至的关怀，令邻居们都羡慕。

我们结婚三周后，淑琴激动地告诉我，她真的怀孕了。我当然同样高兴，不久的日子里我就要当爸爸了！我更感到了自己身上的责任，更加激励了我的康复锻炼的劲头。二个月后，我便能架拐到大街上去练习走路了。我每天清晨五六点钟起床，趁大街上的人少去锻炼,母亲在后面给我搬着板凳,等我累了让我坐下休息一会,然后继续锻炼。我每走一步都要费很大的劲,总是汗流浃背,经常引起很多人驻足观望,寻问病情。到八点多,街上的人太多了,我便回家休息。

八月中旬,天气特别地热,别人劝我不要锻炼过度。但每当我想起淑琴和即将出世的孩子,锻炼就更加卖力了,锻炼的时间也更长了。淑琴有两个月没有回来,我知道原因:怀孕的前三个月胎还没坐稳,她怕我们控制不住感情,因夫妻生活而引起流产,还怕我为此而体质下降。但我经常给她写信,问候她的身体和心情的情况,还报告我的各方面情况,以免她担心我。

这天淑琴又回来了,她不但给我带来了书,还给我带来了一种特殊的东西:两个胎盘。她说是她托人在妇产科弄来的,是昨天刚出生的男孩胎盘,极其新鲜,故特意请假送回来的。她将胎盘从冰袋里倒出来,放在凉水里浸泡一夜,把内中的血水泡出来,第二天亲自动手,像炖肉一样炖熟,切成片,让我每天吃几片即可。她把肉端到桌上时,我开玩笑说:"我成魔鬼了,竟然吃起人肉了,太可怕了。"淑琴反驳我道:"难道你不是魔鬼吗?你不但是个吃人的魔鬼,还是个勾人的魔鬼!甭管什么肉,只要对你的身体有好处,别去瞎想,就当猪肉吃。"我闭着眼夹了一片放在嘴里,感觉很细嫩,微有腥味,但没有怪味。淑琴又连续给我夹了二片放到我嘴里让,我也夹了一片让她吃,她推辞掉了,说她已经怀孕,不能乱吃东西。她又用胎盘汤给我泡了饭吃,说营养成分都在汤里,绝对不能浪费掉。她嘱咐我:"每天不要吃多了,但又要尽快吃掉,天气太热,容易变质。看效果如何,等天凉了,我再想办法弄两个,给你补一补。补养身体不是一朝一夕的事情,必须细水长流,你现在比躺在病床上的时候瘦多了,倒显得更清秀精神了。"私下里她叫我魔鬼,她说她完全被我鬼迷了心窍,是上辈子欠我的。

不到半年,淑琴共让我吃了六个胎盘。还真有效果,我自感体质和精神大有改善,每天锻炼之后,虽然满身大汗,但没有很强的疲惫感了。后来医院里控制得严格了,淑琴再无法弄到胎盘。好在我的康复锻炼已有明显的进步,现在不用母亲搬着板凳在后面跟着了,我自己拄双拐出去锻炼,自由方便多了。我每天出去锻炼两次,清晨五点多到八点多,晚上七点到九点多,每天五个小时。除了阴雨天外,从不间断。

不过,面对川流不息的人流,目睹欢蹦乱跳的青年人,往往令我更加痛苦和自卑不,抱怨老天爷不公,经常暗自撞胸,流泪哭泣。

我锻炼的活动范围越来越大,逐渐地过马路到天安门广场去了。一天晚上,我从广场回家的路上,在便道上被一块砖头绊倒,双手掌和双膝盖都摔破了,右脚扭伤了,疼痛之极,我坐在地上,再也站不起来了。这时一对男女青年推着辆自行车走过来,见此状,急忙跑过来问清楚情况,就把我扶起来坐在自行车后座上,送我回到家。母亲见状非常的着急,邻居也都跑来问候,还让孩子们到大珊栏的药店给我买药水和碘酒,七手八脚地帮助我擦药。

女青年认识我,她说她姓孙,是廊坊头条理发馆的理发员,在珠市大街上经常看到我锻炼,为我的身体情况而感到惋惜。她见我的头发太长了,对我说:你行动太不方便了,明天中午我来给你理理发,说完便和男青年走了。我和母亲再三感谢。送走邻居后,母亲看我的脚又红又肿,疼得厉害,她试着用手抓住的的脚活动了几下,说骨头没有出问题,只是崴了脚脖子,给我贴上了止痛膏,让我上床休息,看情况明天再说。

第二天中午,女青年带着理发工具果然来了,而且还领来了一位五十岁左右的男师傅,介绍说这是她师傅,会推拿按摩,经常给人治疗,让师傅给我看看。这位赵师傅抓住我的脚,轻轻转了两圈,突然反方向一搬,只听噔的一声响,赵师傅说:"好了,现在已复位了,养几天消肿了就好了,千万小心,别再扭了,否则成了习惯性的就麻烦了。锻炼时穿双高腰鞋,护住脚脖子最好。"他还给我两块樟木条,让我三天后用此煮水洗脚,舒筋活血,消肿又止疼。我们千恩万谢。赵师傅喝了碗水便告辞了。

送走师傅后,小孙把我扶在板凳上坐着,拿出工具给我理发,边理发边说:"你的头发太长了,像个女孩,大热天的多难受。"理完后她还帮我洗了头,用电吹风给我造了个头型,然后倒退两步,端详了一会,称赞我长得英俊漂亮,将来腿好了,定能找个好对象。我按价给她钱，她说什么也不要，说她是利用午休来帮助人的，哪能收钱。她还告诉我，以后理发她包了，到时间准来，不用到外面去理发。弄完她连口水都没喝就走了。

第二天我写了封热情洋溢的感谢信，让母亲给小孙的理发馆送去，小孙受到了领导和同事们的表扬。我的脚很快就好了。我重新开始锻炼，并且很注意安全。小孙果然按时来给我理发，依然不收费。来的次数多了，互相有了更深层的了解。小孙非常直爽健谈，她告诉我，她的父母也是理发的，她初中毕业后也学了理发，已经工作好几年了。因自己文化水平很低，她很羡慕读书人，更喜欢和谈吐文雅、谦和的人在一起说话。因自己的长相不错，曾经交往过一个朋友，但男方的父母嫌她的文化太低，工作低微，中断了她们的来往。现在的男朋友小陈是她的表哥，也是初中毕业，是机械厂的翻砂工人，活又脏又累，人还不错，就是脾气粗野，怎么说都改不了。但又没有更合适的，说到这便流露出一种凄楚之感。我便把话题岔开了，我告诉她，理发师的工作并不低下，在国外把理发师叫美发师，是个很高的技术工种，和医生职务地位是同等的，再说你不但长得不错，并且心灵很美，将来定有好报的，天道助善。小孙给我理发一年多，后来她被调到广内理发馆工作，相距很远，再也没有来给我理发。后来我自己到理发馆理发，师傅们从小孙的嘴里都知道我，每次都对我很照顾很热情。

还有件事情，想起来也很有意思。因我每天早上和晚上都去锻炼，每次回来时，我总在前门盛斋旁边的糕点商店门口的高台阶上坐下休息。这里的台阶高矮合适，便于坐下站起来，然后再走回家。久而久之，糕点商店的售货员都认识了我，其中有个叫小程的女售货员，对我关照有加。只要看到我坐在那里，便主动向我打招呼，从商店里给我搬出把椅子让我坐，说坐在石台阶上太凉，对身体不利。有时拿个椅子垫，让我垫在身下防凉。夏天天热时，看到我汗流浃背的样子，还经常给我端杯水让我喝。她的热情让我很难为情。小程大约二十多岁，瘦瘦的，五官较端正，梳着两个垂肩的小辫，对人特别热情直爽。时间长了，对她的关照，我也就很自然地接受了。每当小程给我搬椅子或端水时，店里的售货员们，常常冲着我神秘地微笑，弄得我很尴尬。一天，店里一位老售货员走过来主动和我打招呼，问我的病情，问我的年龄，问我的家住在哪里，家里都有什么人，是什么学校毕业的？总之问得很详细。我很纳闷。最后她说，"有人看中了你，如果你没有对象的话，我给你介绍介绍？"我顿时明白了，是小程托她来问我的。以后为了避免麻烦，我就不再在此地方休息了。使我莫名其妙的是，我已经成了个残疾人，竟然还真有人喜欢我，使我不可理解。

我每天拼命地锻炼，为的是能尽快地像正常人一样行走和工作，彻底摆脱掉"残疾"二字。每当听到这两个字，我的心就像被铁棍猛击一样地痛苦。每当看到欢蹦乱跳的青年人，我就更加为自己的状况而痛苦、愤怒。这种时候我会捶胸、用力揪头发，不愿意和任何人交流，而只想躲在最僻静的地方，独自吞咽苦水。有时候真期盼奇迹发生，让我碰到白胡子的仙人，或菩萨般的慈祥人，给我一粒仙丹，或一个推手，顿时把我变成正常人，行走如飞。这才真是白日做梦。

有病乱投医。期盼奇迹发生的心情，曾经使我失去正常的思维。一天，我从天安门广场走到前门箭楼下，坐在石栏上休息时，有个五十多岁的中年妇女，主动走来问我的病情，对我报以无限的同情。她那和蔼的态度和慈祥的相貌，使我对此人的印象非常地好。她说："看你长得英俊文雅，病成这样，太可惜了，太让人心疼了。"她说特别想帮助我，给我治病，并且一定能给我治好。她不收费，每次治疗大半斤白酒即可。每周治一次，保证能给我治好。

民间说偏方治大病，我心动了。她告诉我，她家住西河沿，她姓冯，让我下午三点到她家，她给我治病。我回家跟母亲一说，母亲很同意，支持我去试一试。她当即给我买回一斤白酒。下午我拿着白酒，按地址找到了冯家。

冯家是个小独院，就只有三间房和一间小厨房，院里很安静。家里只有冯姨一人，屋内的摆设简单而干净。她让我坐在床上，让我脱掉上衣。她看了看我两次手术后留下的大疤痕，同情地说："多好的孩子，受这样大的罪，太可怜了。"示意我把裤子脱掉躺在床上。我不好意思地犹豫着，冯姨看出了我的心思说:"我都五十多岁的人了,我什么没有经历过,你把衣服脱了没关系,"我顺从地脱了衣服,躺在床上。冯姨把我带来的白酒,倒在一只大碗里有,足有二两。她用火柴把酒点着,用双手抓着篮火苗的酒在我后背的胸椎两侧,用力地搓擦,使我的后背非常热,非常舒服。然后又在我的双腿上,同样用喷着火苗的酒给我用力地搓。把腿的肉皮搓得特别地红,两腿感觉特别地热。冯姨说:这样可以疏通经络,促进血液循环。前后约二十分钟,冯姨都出了汗。然后我把衣服穿好,坐在床沿上,她让我等一会。约五分钟后,用茶杯端来半杯茶水一样颜色的水,还冒着丝丝的热气,又从一个瓶里倒了些白色的粉来,轻轻地摇了摇,让我赶紧喝掉,说这就是药,我接过杯子,端起来刚要喝,一股极大的尿臊味直冲鼻子,冯姨催促我趁温乎喝掉。盛情难却,我不管是什么,张口就喝完了。喝时我几乎要吐了,但强忍住了,心想哪怕就是尿,只要能治病我也喝。一切完毕后,我千恩万谢地告辞。一路上我回味着药味,觉得太像人尿了。因为反胃,我晚饭都没吃好。

  我连着去了冯家三次,都是如此治疗,喝像尿一样的药。到第四次,冯姨去另一间屋里取药时,我把门帘掀起来,偷偷听着那屋里的动静,似乎听到往盒里撒尿声,又隐隐约约看到冯姨在提裤子。然后她端来放上药粉,让我喝时.那股尿骚味,我断定这就是冯姨的尿。当时我真想不喝,可冯姨握住我的双手,勉强让我喝了下来。告辞之后,我恨我自己,明知是尿，为了给冯姨面子还是喝了，我太软弱了。但我又不理解她都快六十岁的人了，为什么这样做。反过来想，这可能就是治病的偏方。我总认为冯姨不是坏人，都是为了我好。

晚上淑琴回来了，我把这事告诉了她。淑琴狠狠地数落了我一顿，说我的书白读了，一点科学都不懂，说我太傻太老实了。她说：成人的尿是有毒的，一个老人的尿更有毒，以后再不能做这种傻事，听信那些无知的荒唐话，着急治病一定要去医院，千万不能瞎治。自此后，我再没有去冯姨那里。

经过艰苦的锻炼，我的行走进步很大。尽管如此，我还是不满足，总想扔掉双拐，独自行走。但事实告诉我，必须循序渐进，不能操之过急。我几次尝试扔掉双拐，结果都摔得很惨，真是欲速则不达。幸亏每次都有好心人来帮我。

十五　家庭的温馨与责任

六四年的春节已至，淑琴马上就要临产了，还是不能回来。不过我的春节过得并不寂寞，邻居的孩子们各自带着吃食和饺子，都聚在我屋里，过了个别开生面的热闹的三十。连金坤、金娇两个女孩都过来凑热闹。吃过年夜饭后，我们做游戏，猜谜语，打扑克，一直玩到午夜两点多。当时国家依然很穷，物资极匮乏，不论买什么都要凭本凭票，不论买什么都是排大队，抢购，唯恐买不到。过年每人半斤花生，成了最稀罕的东西，平时根本吃不到。国家穷，老百姓更穷。我们院的这些孩子们，没有一个买鞭炮的，连身上穿的衣服，都是原来的旧衣服，只是洗干净而已。三十晚上的一顿饺子，更是孩子们盼望已久的佳肴，就是这样老百姓都特别知足，因为这两年国家没有搞运动。第二天大清晨孩子们过来拜年，每人两毛钱的压岁钱，孩子们都特别高兴。我们和邻居家相处的如同一家人。

春节刚过，收到淑琴的来信，说二月二十四号生个男孩儿，住院七天后，要回家坐月子，过产假。在她出院的当日，二姐请假去门头沟把母子俩接了回来。大家都来道喜，祝贺我们喜得贵子。七天大的孩子，脸是红红的，胎毛黄而细软，骨架很大，腿、脚和手不停地动。他不爱哭也不爱笑。淑琴的奶水很足，而且很稠，足够孩子吃的。孩子吃饱了就睡。晚上淑琴给我讲了生产的过程，因孩子的头大，体格大，生产时很困难，非常的疼。最后没有办法了，接生大夫在生产道剪了个大口子，用产钳把孩子硬夹了出来。当听到孩子的哭声如雷鸣般的洪亮，又看到是个男孩时，她心里真是无比的幸福，刚才的痛苦便烟消云散。她说最盼望的就是这样的结果。因为她的父母只生了四个女孩，没有生儿子，感到终生遗憾。所以淑琴特别想要男孩。感谢上帝，感谢我给她带来的幸福。

经她这样一说，我感到十分内疚和不安。内疚的是，在她最痛苦时，我不能在她的身边，给予她力量，不安的是今后孩子的照顾，她要付出更多的心血。她让我给孩子起名字，经过一夜的思考，我给孩子起名姓张，字雷，叫张雷，乳名叫大雷。原因是他在落生的刹那，哭声很洪亮如雷鸣，雷字是非常吉祥的字，上有雨下有田，就会五谷丰登，丰衣足食，不愁吃不愁穿。再者他是属龙的，虎行有风，龙行雨倾盆，孩子落生之日是龙年的春天，如同春雷一声，响亮又方便顺口。淑琴认为很好，有意义又不俗。淑琴当时还问我，男孩叫张雷很好，如果是女孩呢：那叫什么呢？ 我告诉淑琴很简单在雷上加个草字头即可，张蕾，乳名叫小蕾，既有女孩的特征，又很雅气。淑琴拍手叫好，说："这个名字留着，以后咱们生个女孩儿就叫张蕾。"我们两人边说边笑，很感幸福。

为了提高奶水的质量，尽管当时物质贫乏，我们也尽力买到猪蹄，加上黄豆炖食。淑琴从不独食，时常强逼我同食。孩子的哭声，给小屋里增加了生气，日子过得祥和而温馨。

孩子在飞快地长大，脸色由红变白，大眼睛，胖乎乎的，越来越可爱。很快到了满月。当时社会上没有过满月的风气和习俗，只是改善一下生活，以示庆祝了。二姐送来一个镀银麒麟送子的胸锁，三姐给孩子做了身小衣服。

四十天的产假很快就到了，淑琴只好抱着孩子回了门头沟医院。医院里有托儿所，喂奶很方便。母子走后，小屋内顿时变得寂静而冷清了，我心中很不是滋味，脑中时常回荡着那像歌声一样好听的孩子的哭声，时常浮现着给孩子换尿布的情景，时常闻着那种迷人的奶香味。

淑琴母子走后，我依然坚持锻炼，每天早中晚出去三次，披星戴月坚持不懈。渐渐地我可以挂单拐行走了，虽然吃力，但也是很大的进步。体质也变强健了，但人瘦了许多。街坊邻居们对我的苦练精神敬佩不已。

淑琴母子无法经常回来，我就给她们写信，问候母子的情况，同时以寄相思之情。孩子一百天时，母子俩回来了。只见大雷长了许多，圆圆的脸，大大的眼睛，白白胖胖，张着没长牙的嘴，时常咯咯地笑，见到我扇动着两只小胖手，意思是让我抱的样子，可爱之极。人人都说孩子长相很像我，每当听到这样的赞誉，淑琴和我都感到自豪和幸福。我们给孩子光着身子照了张纪念相，胖乎乎的孩子活像个弥勒佛，很好玩。

家庭的建立，孩子的出生，使我在精神上、经济上，心理上都有很大的压力，我必须想办法自食其力，不能靠别人的资助来生活。有两次到了月底手中无钱购粮买菜，母亲只好向二姐求救，我们连着几天都吃粥。母亲着急，我更着急。我是不愿求人的性格，当时我的社交又很狭窄，只和老同学王春和，还有正在上清华大学的的外甥保仁来往。精神上感到很痛苦，又无人倾诉，我变的越来越沉闷，性格变得很内向。经济上的拮据，使我在淑琴和孩子面前感到愧疚和自卑。身体的残疾，使我经常感到低人一等。痛苦，自卑始终困扰着我。如果没有淑琴母子作为我的精神支柱，我真想离开这个人世，得到彻底的解脱。但我知道，绝对不能这样做，那样我对不起慈母，更对不起贤妻和孩子，只有想法去度过难关。

一天我锻炼回来，偶然发现街坊在门道里做一种手工艺术品玩具小狗，是出口产品，是给宣武区椿树斜街工艺品厂做外加工活。是用各种颜色的兔皮毛，根据自己的想法去搭配，皮毛的搭配结合处要严密不能有任何缝隙，总之工艺水平要求很高，对制作者的色感和欣赏水平要求也很高。由于皮毛处理过，在制作时，兔毛和粉尘飞扬得很厉害，对人体有害，故而很多人不愿意做这种活。为了生活，我决定去做。

　　我和街坊学了两天后，在她的推荐下，我成了工厂的外加工客户。凭借我从小练成的灵巧的手工能力，像女孩一样的耐心和细心，再加上我的欣赏水平较高，我做的工艺玩具狗，受到厂家的好评，被评为一级品，每个单价都比别人高五分钱。如果每天努力去做，就能挣到一元多，我感觉还比较满意，心理轻松了一些。每次淑琴母女回来时，我有能力给她们钱了。我心里竟然踏实多了。

　　为了防止兔毛和粉尘满屋飞扬，我做了个类似蚊帐一样的罩子，每到工作时就戴上口罩，戴上帽子，穿上长衣长裤，钻到罩子内去。春冬之际还可以，但到了夏季，我可受了罪。原本这低矮的小屋就不通风，非常热，我再全副武装钻在罩子里，更是酷热难受。淑琴看到我如此辛苦，就建议我去卖冰棍，可以轻松些。但我慎重考虑，我不适合卖冰棍。因为取冰棍的库房在天桥，离家太远，必须每天都得去取冰棍。我的身体无法做到。所以，直到六六年的三月份文革开始，工艺品厂关闭了我才不干了。政府说这样的工艺品是给资本主义国家的奢侈品，停止出口，工厂必须关掉。经济磨盘又重重地压在我身上。

结婚两年的纪念日，淑琴利用周日加上五一时值班的补休，加在一起是两天休息日。她抱着长胖了的孩子回来了，一路上很辛苦。孩子已经一周多了，虎头虎脑，大眼睛，眼角有点上仰，很有英武之气。已经不用人扶，自己可以到处跑了，摔倒了再自己爬起来，不哭不闹，像个好男孩。淑琴为此很感幸福和自豪。

为了纪念结婚两周年，淑琴做了精心的准备和布置。白天她亲自动手做了一桌很丰盛的饭菜，我们还喝了点酒，互相祝福。主要是庆祝我们的爱情结晶是那样的可心可爱。晚上我们依然像结婚时那样高兴和激动。淑琴走后不久来信告诉我，她又怀孕了，但考虑到咱们目前的经济情况和居住条件，为了更好地培养宝贝儿子，她狠心做了人工流产，希望我能谅解和理解。读到信后，我的心情非常沉重，淑琴说的关于经济情况和居住条件的话，如同长矛刺痛我的心，使我终生都感到自责和内疚。

文革时期，那些出口的工艺品厂关了很多，但是像章厂和毛著出版社兴盛起来。尤其是毛主席像章制做车间和红旗生产车间，都忙得要死，工人三班倒，仍然是供不应求。毛主席著作和主席语录，大量出版。七亿中国人，人手一本或多本，毛主席像章更是各式各样，每人都有数十枚，甚至上百枚之多。大街小巷到处是交换像章的集聚地。因此街道居委会成立了像章别针加工点。街道主任杨森让我参加了。因我情况特殊，她让我拿回家加工。我所做的就是用一个小机器，把黄铜针弯成有弹性的小别针，安在像章的后面。每月与像章厂结账一次，然后按劳发工资。我每月能拿到近三十元之多，等于一个人上班的工资。活又卫生又不累，只要把小机器掌控好，工作起来还是轻松的。久而久之，生产小组内就有了意见。说我不但不参加取活送活的劳累工作，还和他们挣同样的钱，他们觉得不公平。为了不影响团结，不让杨森主任为难，我便主动要求减少供活量，少做少挣，减少矛盾。

　　在此时，我认识了会计小英。她是六中毕业的高中生，因文革开始，国家取消了高考制度，无法继续上学；她的出身又不好，去不了国家正规大厂和较好的单位，只能在家待业。当时街道居委会成立了很多生产加工服务小组，她被聘为了会计。小英比我小几岁，为人正直，在她和杨森主任的支持下，我才有活干，维持生活的现状。她的外语不错，主动提出教我学英语。对我来说，这可以消磨时间，冲淡内心的痛苦，丰富我的生活内容，还可弥补我不会外语的缺憾。于是，小英每周四晚上八点，准时提着小黑板和粉笔，来给我上课。和她同来的还有个姓夏的小青年，与我同时学习。

　　我们用的教材是中学课本，从字母开始，学发音，学国际音标。我的学习兴趣很浓，把单词抄在小本上，装在兜里，随时拿出来读和背。就连早锻炼时也在读单词。只用了两三个月的时间,我就把全年的教材都学完了。后来,学外语被认为是崇洋媚外的表现,小英受到单位领导的批评,从此便终止了教学。我也再不敢高声读外语了。

十六　荒唐的文革岁月

很快，全国的学校开始了停课闹革命。那些出身好的子弟们，组成了红卫兵组织。红卫兵的寓意是保卫红色政权的兵。红卫兵们走上社会，走向繁华的大街，顿时大街上站满了头戴五星帽．身穿绿色军装，腰扎武装带的男女中学生们。他们手拿剪刀和锤子，只要看到留长辫子的妇女或梳着盘头的老年妇女，学生们便会蜂拥上来，强行剪掉妇女的头发，说这是封建余毒，必须铲除，如有反抗，便拳脚相加。如果看到穿长裙布拉吉的女孩，或穿着尖头皮鞋的男青年，烫了发的妇女，红卫兵们会说这些都是修正主义和资本主义的余毒表现，也必须扫除掉。在大街上便强行把鞋砸坏，把头发剪掉，把花裙的下摆给剪掉。吓得人们都穿上深色的长衣长裤才敢出去，妇女们都剪成齐耳短发。母亲也非常害怕，把留了几十年的发结也剪成齐耳短发，才敢上街去。

各大报纸在头版头条上盛赞革命小将们的革命行动。得到中央鼓励的学生们更加狂妄了。他们走入商店内和住户中去破四旧，去造反。尤其是到那些成分不好的家庭中去翻箱倒柜，寻找所谓的封、资、修的东西，当场砸坏，如同劫匪。尤其是那些有家底的资本家和老知识分子，更是破四旧的重点对象。最可惜的是那些珍宝级的收藏，文物和字画不知被损坏了多少。最让人心疼的是那些书籍被烧，各中小学图书馆内的书，都被扔到院中，以火焚之。这一破坏性的行动，让我想到了秦始皇的焚书坑儒。

有一件事情的发生，使红卫兵由对物质的行动变成了对人的行动，性质完全改变了，运动的方向也改变了。事情大概是这样的：一天下午，一群红卫兵闯进了一个资本家的家中去破四旧，在其家中乱砸乱毁。主人与红卫兵发生了冲突，质问红卫兵们的不法行动，红卫兵们便对主人大打出手，主人在抗争中与一位学生一同从楼上掉到了楼下，二人当场死亡。学生们见到此状，便疯狂地把主人的老伴当场乱棍相加打死，扔到了楼下。事件发生后，第二天消息传开，说这样的牛鬼蛇神们，是在向红卫兵革命小将们反扑，必须给以反击，不但要触及其灵魂，还要让他们的肉体，知道革命小将们的厉害。必须把他们打翻在地，再踏上一只脚，让他们永不能翻身。这一次，那些身份不好的人可遭了殃。我亲眼目睹，在前门大街的商店门口，那些资本家和小业主们，都被揪出来，跪在商店门口的台阶上，脱光了衣服，头被剪成了长短不齐的鬼头。那些身穿军装的红卫兵们，用棍棒和武装皮带拼命地抽打这些人，打得他们皮开肉绽，鬼哭狼嚎，听着让人毛骨悚然。大街上没有一个人敢驻足观看的，都低下头快步离开，唯恐落到自己的头上。整个北京笼罩在红色恐怖之中，让人透不过气来，人人自危。这时，早晚我也不敢出去锻炼了，只在屋内活动活动，无事便不出家门。

　　有一天的下午，十余名男女红卫兵闯进了钱市胡同我们对门的刘家去破四旧。刘家是王府井光明眼镜店的老板，公私合营后，掌柜的刘彦博成为眼镜店的一名普通店员。他们家庭很殷实，住着一座上下各五间的灰色小楼，家有五口人，大女儿在西单商店当售货员，二女儿高中毕业后在朝阳区某小学当老师，小儿子叫刘小周，刚上中学。老伴是个近六十的家庭妇女。因家庭生活很富裕，他们看不起胡同里的贫苦街坊，和街坊们不说话。在他们楼下的对门，住着在大栅栏食品商店上班的店员赵智，三十多岁，其妻叫刘桂兰，是河北涿州的农村妇女，没有工作，没有北京户口，大家称她为小媳妇。她们家的水电与对门刘家共用，久而久之，因交水电费而经常发生矛盾，但又不敢和刘家闹翻，平时只有忍气吞声。红卫兵上街扫四旧，她认为报仇的机会到了，便到崇文区红卫兵指挥部告了刘家一状。十余名红卫兵在她的带领下来到了刘家，二话不说，进门就是胡翻乱砸，把刘彦博老夫妇按倒在地，剪成阴阳鬼头，命其跪在地上，轮番用皮带棍棒抽打，打得二人鬼哭狼嚎，声音传出老远。我家与其家近在咫尺，尽管躲在屋里，噼噼啪啪的鞭打声仍然听得非常真切。听着这阵阵的惨叫声，我们的心收缩得紧紧的，吓得连晚饭都没有吃。

母亲知道自己出身不好，极怕红卫兵顺便闯进来造反，吓得把爷爷在日本东京早稻田大学照的唯一一张照片，和父亲在青岛青年时的照片找出来，连同我与淑琴恋爱时的信物都烧掉了，又把淑琴给我的唯一值点钱的金戒指，藏在破碗橱的角落里，以防不测。小媳妇为了献殷勤，给红卫兵们送水送吃的，领着红卫兵在院里出出进进的。晚上八九点钟，刘家大女儿和她男朋友不知道家中发生的事情，进门见此情形，返身要走，马上被红卫兵拦住，问明关系，当时就给二人剪成阴阳头，骂他们是资本家的狗崽子，按倒在地鞭打，打得二人像鬼嚎。女孩拼命喊："我怀孕了！"红卫兵们才住手，把她关进了房间里，继续折磨两个老人，逼他们说出金银财宝藏在哪里，不说就继续打。这哪里是红卫兵破四旧，完全变成了土匪的打砸抢。

晚上十二点后，两人可能都昏过去了，只听鞭打声，听不到任何呼喊声。忽然听到二人要喝水的哀求声，就听一个红卫兵说："把那盆尿端过来让他喝！"原来钱市胡同没有厕所，红卫兵就在屋里小便。又听另一个女红卫兵说："老不死的，还想喝水，干脆喝尿吧，正好这盆里是刚尿的，趁热快喝吧！"只听到盆响，好像是把尿泼在老夫妇身上了，红卫兵们怪声大笑，真是一群魔鬼。

这一宿我们没有合眼，早晨八点多，我到门口望了一眼，只见满胡同里扔的都是箱子、衣服、物件。刘家夫妇像死了一样，满身污秽，满脸是血，躺在地上，后来又来了很多的红卫兵和警察，把人抬上车推走了，箱子和东西也都拉走了，刘家的楼被贴上了封条，刘家一家就这样在胡同里消失了。后来我在前门大街，偶然碰到了刘家当教师的二女儿，我们是相识的，过去她知道我也是教师，曾多次说过话。她告诉我，父母和弟弟小周都被送回了老家，不久父母都死了。她现在住学校了，没有了家，原本很殷实幸福的家庭，就这样家破人亡了，真乃悲哉、惨哉。像这样的家庭全国不知有多少。

一天下午，街道主任杨森来我家叫母亲去开会。看到杨森不同往常的严肃表情，我有种不祥之感，一下把心提了起来，最怕的是刘家的悲惨遭遇在我们家上演，我决心，万一发生那种事情我便自尽，绝对不受那种皮肉之苦和精神打击。

胡思乱想了两个小时，母亲在大伟妈的陪同下平安回来了。母亲的脸上很难看，叙述了开会的经过和情况。这是街道开的全体会，开始由主任宣布，母亲吴际芳出身军阀，本身是富农，让母亲站起来，自己介绍家史和出身情况。母亲平和地如实说了家庭情况，说完后，由主任带领大家喊了很长时间的口号。主任看母亲脚小站不住，还是让母亲坐了下来。整个珠宝市街道共揪出五个人，有两个是资本家，一个是国民党军医，还有个是坏分子。最后宣布，自明天开始，让这五人每天早晚到珠宝市大街去清扫马路，接受改造。母亲说完后，没有怨天尤人，依然很平静，心里很坦然，让我不用担心，说这是历史和社会造成的，咱们没有做任何坏事，不算丢人，善有善报。第二天母亲就按时到大街上去扫街。街上的孩子们不起哄，也不欺负她，有时还夺过扫把帮助母亲扫。在这种情况下，母亲的心轻松很多了。母亲只干了不到一个月就不去了，这件事情便不了了之。

学校的贺老师，每月按时给我送工资，每次来都和我很详细地讲解学校里的情况。学校早就停课闹革命了，老师们每天开会，搞批斗写大字报。学校里揪出三名老师，是批斗和专政的对象，第一个是张敬梅老师，是印度尼西亚的归国华侨，学校唯一的大学毕业生，五六年便随丈夫归国参加祖国建设。当文革运动开始后，有些看不惯的想法和看法都和孟主任谈，把孟主任当成了真正的知心朋友。万万没有想到，孟主任一张大字报，把张老师对运动不满的话公布于众，张老师当即被打成反革命被揪了出来。第二个是教常识的杨老师，他原是国民党兵，被说成是国民党特务、反革命分子揪了出来，后来全家被遣送回农村。第三个是程桂华老师，她被定为坏分子，运动一来便揪了出来，倍受学生们的打骂和侮辱。贺老师说，小学里还好些，学生的年龄小，老师不教，孩子们没有太多的坏主意。可是中学里的学生越大坏主意越多。十一中学闹得特别厉害，把学校图书馆里所有的书籍都堆到院子里，像小山一样高，泼上汽油，把书焚烧，并强迫那些老师们跪在火堆旁边，脱光衣服，让熊熊大火烤灼他们，不一会就晕倒好几个，稍有反抗，就被学生们一脚踹到火堆里，当场就烧死了两位老师，简直是一群魔鬼！贺老师气得语塞了。最后他对我千叮咛万嘱咐，绝对不能对任何人说。其实我早就听人说过，北京著名的六中，已变成了像国民党时期的白公馆和渣滓洞那样的监狱了。里面各式各样的刑具应有尽有，那些所谓的牛鬼蛇神，很多都是站着进去，横着抬出去的。为了起到震慑作用，他们还特意组织各单位到那里去参观。

　　运动闹得越来越凶，有很多名人因忍受不了摧残和侮辱而自杀。如我们的大文豪老舍，忍受不了每天的批斗和肉体的折磨、精神的侮辱，投湖自尽。中国第一个乒乓球世界冠军荣国团，被诬陷为反革命特务，受到无情的折磨，自缢身亡。全国各地的资深学者、专家都被揪了出来，受到无情的打击，失去了人生自由。按毛主席的话说："知识越多越反动"，中国的知识分子都被冠以"臭老九"的名头而被专政，被打击。他们的子女们则被称为"狗崽子"，同样受到打击。

　　我所在的东珠市口小学，也发生了很大的变化。运动开始时，在学校于校长的领导和支持下组成了红小兵，在扫四旧揪牛鬼蛇神时，于校长又赶下了台。学校知道我文笔好，让我写大字报，被我婉言谢绝了。原因是一我来学校时，校长对我不错，很重视我的才华，我住院时也曾几次到医院探望，还给我每月生活补助，还帮我解决了住房，使我有了真正的家，能安心养病，这些好处我不会忘记。即使不谈报恩，投井下石的行为我是绝对不做的。二者我不想让别人把我当枪使，对他们那种失去人性的所作所为，我从心里反对。故而我不能助纣为虐。我只能把自己置身于事外，自保其身。

淑琴的医院也一样混乱，领导下台，两派斗争也很激烈。但她每次回来都不谈单位的事情，知道我爱琢磨，怕我为她担心。我估计淑琴她出身不好，脾气也不好，在医院也不受领导重用，在两派斗争中她绝对成不了保皇派，只是造反派的跟风小羊。这样倒也很乐得清闲，自由自在，把一切精力都用在儿子身上。

大雷已经上幼儿园了，幼儿园距医院较远，淑琴每天用自行车接送孩子。大雷很淘气，经常把小朋友们打哭，让阿姨很操心。小家伙就爱听打仗的故事，爱看打仗的电影。挎枪背刀，整天喊冲锋，以煤堆当山坡，跑上跑下的，还经常地匍匐前进，弄得浑身像泥猴。最爱穿军装戴军帽，显得很英武，很有男孩之气概。当时，军装是最时髦的衣服，真有点全民皆兵。

六七年是文革最激烈的年份，武斗不断升级，最后连枪炮都用上了，如在河北白洋淀，三一八部队与地方武装就真枪真炮打起来了，人员伤亡可想而知。全国的局面完全失控。

　　文革刚开始，毛主席在天安门连续两次接见了红卫兵，并喊红卫兵万岁，狂热的红卫兵们更是热血沸腾，紧接着，在政府的支持下，搞起了大串联，各地红卫兵纷纷到北京来取经。毛主席把来京的红卫兵大军说成是北京请来的客人，各大旅馆已经接应不暇，便号召各大院校和中小学变成临时宾馆，把桌椅拼成大的床铺，各学校的老师们变成了接待员，给红卫兵们做饭，烧水，搞卫生。要求各学校让他们吃好，住好，服务好，如接待不周，各单位负责人要受处分的。这样一来，来北京的红卫兵是越来越多，一些流氓、小偷也趁机到处做案，做了案一跑了之。当时的个人崇拜的手段和式样，真是层出不穷，如红海洋，把北京的空白大墙和空地都用红色油漆写上大字毛主席语录，每个人每天都要手捧语录，站在毛主席的像前，早请示晚汇报，完全把毛主席当成偶像和神，说毛主席的话一句当一万句，是绝对的真理标准，人人必须背诵毛主席语录，毛主席的老三篇。就连刚满四岁的张雷，就能背诵老三篇，毛主席的语录和诗词，能一气背诵半小时以上不停嘴。想起当时他身穿军装，头戴军帽，手捧毛主席语录，面对毛主席画像，一本正经背诗词的小样，非常可爱，但也让人悲哀。孩子们在幼儿园就受到这样的教育，把一个人奉若神明，真让人不可理解。文革后相声演员姜昆和李文华说过一个相声叫"照相"，那种荒唐的情形就是当时社会的真实情况，没有一点夸张，现在想起来让人啼笑皆非。

文革的混乱和武斗逐渐升级，中央对全国的控制感到困难。为了能控制形势，政府派军队进驻学校、工厂、机关和单位，实行军管，由军管会领导一切，协调两派，停止争斗。又组成联合革命委员会，简称革委会。在知识分子扎堆的单位和学校，还派了工人代表，加入革委会的领导班子，名曰掺沙子。总之对知识分子很不放心。中央领导班子里也掺了沙子，没有知识的农民和工人都当了国务院副总理，如山西大寨的农民陈永贵副总理，纺织工人出身的吴桂珍、东北卖菜出身的李小丽。在民间有这样的笑话，一次陈永贵代表中国去国外访问，身穿农民装，头包白手巾，完全是中国农民的打扮。一位外国记者提出个问题："中国的四大发明是什么？""大鸣、大放、大辩论、大字报。"

社会秩序完全被打乱了，全国成百上千万的学生们无学可上，无工可作，成为更大的社会隐患。于是毛泽东号召知识青年"上山下乡"。北京的学生一批一批的奔向了东北黑龙江和内蒙古的中苏边界的农场，到山西、陕西、甘肃、云南等最艰苦的农村，去"接受贫下中农再教育"。三姐家的臣娥到了山西平尧农村插队，二姐家的保仁，清华大学毕业后被送到新疆军垦。我院李家大伟、大彦两个孩子到了黑龙江边疆，他们都是边劳动边拿枪的。一旦边防有战事，他们就是士兵。家家的老人都为子女牵肠挂肚。

同时，北京市各区县的政府机关，都在北京的郊区比较艰苦的地方设立了五七干校，让知识分子和干部轮流去劳动改造半年或一年。淑琴被派到了门头沟的斋堂五七干校。这个干校的成员，大多是政府的干部，中小学的老师，医院的大夫和护士。淑琴去干校的初期，把孩子放在家中，由我和母亲养育，后半年淑琴便把孩子也领到干校，带在身边。这段时期她很少回家，只有在年节时才回来团聚。淑琴离开斋堂干校后，没有回门头沟医院，而被转到更远更艰苦的门头沟百花山区的医院。崇文区的干校设在大兴县，我校的老师们都轮流到那里去劳动改造。

在文革后期，各单位都在军管会的领导下，进行了三结合，成立了领导班子，开始了正常的生产和学习生活，局势安定了很多。我继续积极治疗，锻炼身体，我想方设法要使身体尽快恢复，好去上班工作。只有正式回到工作岗位上，才能真正改善我们家的经济状况。

我每天早晚到天安门广场去练走四个小时，进步很大。那时我柱一个手杖就可以行走了，虽然步态很艰难，但可以自由地上下汽车了。但是两腿较为僵硬，迈步的步态显得很吃力。看来只靠锻炼，恢复得不理想，我必须得到正规治疗。经人推荐我每周去宽街中医医院针灸、按摩二次，并吃中药。

宽街中医医院的针灸科是全国最有名的，病人很多，床位很紧张，有时候不得不两人躺在一张床上，接受针灸治疗。时间一久，我和大夫以及老病号便熟了。其中有位二十岁左右的女孩，叫王小红，她患的是腰椎病，腰脊髓神经被压迫造成下肢瘫痪，在医院做了手术。她还没恢复好，走起路来如同缠脚的妇女，可是长得很不错，大眼睛，眉毛细长，五官端正，皮肤很白皙，打扮得干净利索，看起来平和文静。最使她烦恼的是医院治疗时不论男女两人一床，使她很不自在。自从我们认识之后，她话多了起来；为了和我同床治疗，她每次都在医院门口等我，一起去排队等号。久而久之，老病号和大夫和她开玩笑，问她和我什么关系，她谎称我是她的表哥，自此后便叫我表哥，越来越调皮。她几次约我去北海公园，都被我婉言谢绝了。我们在一起治疗有一年之久。她发现我故意躲避她，便心灰意冷，不再来找我了。我已是有妻室的人，不愿意让一个纯真少女，堕入恋情中而痛苦，更不能做任何对不起淑琴的事，淑琴对我有恩，恩爱高于天。

十七　住房问题逐步解决

我的另一大困难就是居住问题。我现在已是祖孙三代,居住在八平米左右的小屋之内,生活越来越感到不方便。居住困难是淑琴做人工流产的主要原因之一,对我的心理压力很大。

我的问题也是社会问题。建国初期国家没有条件搞建设,城内的住宅没有变化。可是人口成倍的增长,大批的转业军人落户北京,家属也纷纷来到北京。为了庆祝国庆,随着北京的十大建筑的启动,从全国调入了大批的技术工人和特殊的技术工程师进京落户,他们的家属、亲戚,也随之来到北京。一批批的大中学生毕业后,也要成家立业,再加上生育的高峰,使得城内住房越来越困难。北京政府把大量的深宅大院,王爷,贝勒的王府，各种文物房产，都变成了大杂院，也远远不能满足老百姓的需要。很多的人利用自己手中的权力，抢占大房和好房。就连街道干部和积极分子借机都住进了大房和好房。我们街道主任杨森搬进宽敞的三间北房中，而且是独门独院。副主任家也搬进了有三间房的独院。那些大房子过去都是资本家或者官员、大知识分子住的，他们被赶走了，他们的住宅就被这些人抢占了。文化大革命对一些钻营的人是有利的。

北京的房源都归各区房管局管理，下面有很多的房管所，居民的住房修缮和改善居住条件都归他们。

房管局和房管所的头们很多都借文革之际和自己手中的权利，让自己的家庭住上了大房和好房。百姓想改善住房条件，就得低三下四去哀求他们。我们宣武区房管局在一座四合院中，我除了去医院和锻炼外，跑房管局是我的主要任务。我每周两次去房管局去排队，等待接见面谈，申诉自己的困难情况。要房的人非常多，多数人都是又哭又闹。接见的工作人员们都是铁石心肠，面无表情，一杯水一端，二郎腿一架，不哼不哈，任你吵闹。还有些人为了解决住房问题，变着法的打听主管人员的家庭住址和喜好，找门路托关系，给他们送礼上供。我不吵不喊，彬彬有礼，心平气和地和他们谈，申诉自己的困难，如果发现他们的心情不好，脸色不对，就干脆不谈，给他们留封信就走了。我总是相信，如果我能古人所说的那样，事情总有一天会成功的。

我这样的表现，的确引起了他们的注意。坚持了一年多，终于有一天，负责接待我的工作人员告诉我，你走路太困难，以后就不要来这里了，去主管你们钱市胡同的大栅栏房管所，找姓李的房管员即可，我们把你的情况和材料都转给她了，让她酌情处理。自感事情有了希望，我非常高兴。

大栅栏房管所离我家很近。第一次见这些管理员之前，我做了充分的准备。为了把困难情况申诉明白，我写了近两千字的一封长信，强调我的残疾，母亲的年迈，儿子的年幼，急需要爱人调回北京城内，来照顾全家。我把急迫性写得淋漓尽致，非常生动感人。那天我依然杵双拐，去大栅栏房管所的办公室找李管理员。她是位近三十岁的女同志，中等身材，长脸型，白肤色，薄嘴唇，看样子是个能说会道的人。她很客气地让我坐下，没问我的来意，先问我的身体得了什么病造成这样，我很礼貌地回答了她的询问，如实告诉她不是文革造成的。看她的表情和态度，对我有怜悯之意，我就接着申诉了我的来意，请她帮助解决，并把信给了她。

李管理员接过信很认真地读了很长时间，说我的信写得很生动感人，像小说一样。我不好意思地说：您过奖了，我是师范毕业，我不是编小说，而是记录实情，请您调查，我把希望完全寄托在您的身上了。最后她说：

"你的情况很特殊，也确实很困难，我很同情你。但我一人说了不算，必须调查研究，经领导批准决定，然后还要看目前的房源情况如何。不过请你放心，我一定把你的困难情况，如实向领导汇报。你行动很不方便，不要再跑了，只要有了结果，我定会到你家告诉你的。"

她很客气地扶我下了台阶，送我到大门外。

大概过了有两个月，李管理员来家告诉我："领导很同情你，但因房源的问题，不能一步解决到位，先给你分一间八平米的小屋，在廊坊三条五号，离钱市胡同不远，先分间居住，有机会我再想办法弄到一块。那时就不是要房了，而是换房的问题了，就简单多了，到那时我就能说了算了。别着急，等机会吧。"说完，她把房子的过户手续交给我，让我尽快拿着户口去所里办理。我非常高兴，千恩万谢，问她家住何处，等我爱人回来，去登门拜谢。她最后说：你写的信太感人了。你这样有文化的英俊青年变成这样，我从心里感到同情，就想帮助你。她又聊了些家长里短的事，便走了。

到了七二年的六月份，管理员又来告诉我，廊坊三条五号的一间车库十二平方米，空出来了。我们搬到那边去，两间房在同一院内，院内上下水都很方便，不是深宅大院，出入也很方便，如果同意，就赶快去办手续过户。

解决了最难解决的住房问题，全家人都特别高兴，街坊和邻居都很羡慕。

我很快就搬了家。在钱市胡同住了九年多，邻居们都有了很深的感情，都是恋恋不舍的，尤其是那些孩子们更是舍不得我离开。搬家时，大人孩子都来帮忙，帮我把家很快就搬完了。搬走后，我和这里的邻居们依然像走亲戚一样来往着。

至今想起分房的事，都很感谢李管理员对我家庭的帮助。

十八　到福利厂当工人

七二年淑琴便调了回来。她不愿意到大栅栏医院去工作。我托同学关系把她调到了北京拉锁厂的医务室，她在那干得很顺心，受到工人师傅的尊重，一直干到退休。

六九年，各单位都实行军管，成立了联合革委会。学校里已基本上恢复了上课。学的都是毛主席语录和著作，但总归人心稳定了。这时我已能拄手杖走很长的路，在生活上也能自理了。因此，我急迫地想回学校工作，一是可以改善家庭的经济情况，二是实现自身的人生价值。我写信，打电话，找校领导面谈，争取重新回到教师的岗位。万没有想到学校的于校长，想尽一切办法拒绝我回学校工作。当时小学归街道办事处的文教科领导，于校长的态度使我非常恼火，我便找军管会和文教科去反应情况。要求工作是我的权利，学校没有权利和理由拒绝我的正当要求。

我三番五次找上级领导，军管会可能找了学校。最后于校长把我约到学校，说让我做的工作是，楼上楼下给学生教室里生炉取暖，其余时间让我在传达室看门值班。这分明是对我的刁难和打击。我行走不便的人，如何去完成这项工作？我当场便和于校长吵翻了。自此后，我不再找学校，我便到处上告上访，市、区的教育部门，我去了无数次。

七零年的七月份，前门街道文教科通知我：暂不回学校工作，到崇文福利工厂去上班，接受工人阶级再教育，工资待遇由学校发放，这叫带工资下放劳动。因为学校的教师都要轮流到大兴团河五七干校劳动，所以我也不例外。限于身体条件，我只能到福利厂去劳动。根据我工作的情况，再回学校安排工作。六九年[2]七月份的一个周一的早晨，我拿着前门文教科的介绍信，到福利厂去报到。

崇文区福利厂是崇文区民政局的下属单位。主要负责崇文区的残疾人的工作安排任务。福利厂有主厂和分厂，都在龙潭湖的附近。主厂正对北京料器厂，主要生产制作晶体管的原料单晶硅，主厂工人多为正常的青年人和部分轻度残疾人。分厂在<u>幸福大街南口</u>的居民楼群内的一个平房院中，内有三个车间，

---

2 与前文"七零年"冲突。因作者已去世，无法验证，只能保持原文。

一是机器制作和维修车间，工人都是有技术的青壮年人。二车间是绕线车间，给北京各大厂子的电器做加工活的。内有二十多人，一半是正常人，一半是下肢有残疾的。我被分配到绕线车间。只见厂房整齐宽敞，光线非常好，是该厂最好的厂房。冬天有火炉，夏天有电风扇，条件不错。

当天由厂长亲自把我领到车间。厂长是位退伍军人，性格很直爽，说话的大嗓门。他向车间的工人们简单介绍了我的身份，说我是下放劳动，是接受工人再教育的。介绍完之后，他把我交给了车间主任娄主任，便走了。

娄主任是个近三十岁的妇女，因颈椎有问题，脖子是僵直的，头部不能灵活转动。她分配我做绕线工，对我很客气。

车间内有二十几台半自动的绕线机，排列得很整齐，绕线工多有下肢残疾，不用站着，也不用走动，很适合我的身体情况。车间里有三个质检员，检查每人打出来的线包是否合格，用仪器测量线包的参数，电流大小和体积大小。还有位绕线机的维修工叫李长青，是个下肢小儿麻痹患者，架双拐行走，但脑子灵，手很巧。我被安排在第二排的中间一个绕线机前，自此开始了我的接受再教育的工人生活。我的左侧是位叫小萱的女孩，二十岁，大眼睛，是位小儿麻痹患者。她的两腿软得像面条，根本不能站立，完全靠用手拿着两个小板凳交替行走，十分让人同情。右边那位叫小遂，二十六七岁的女孩，也是下肢麻痹患者，两腿弯曲，不能伸直，迈步十分困难。我的身体情况比她们强多了，在她们之间我没有自卑感。

娄主任让小萱和小遂负责把我教会。厂内有食堂，离车间很近。中午就我在厂内吃了饭，车间的工人们多从家中带饭。工人们对我这刚来的人还不了解，但都很客气，有点敬而远之的感觉。都因为文革，人和人之间的交往存有很大的戒备心，不随意说话。

下午我正式学习绕线包。我先站在小萱小遂的身后，从头至尾看着她们操作完成了两遍，然后，我自己坐下来试着操作。在小萱和小遂的指导下，我按着程序一步步地做。每完成一个约用十分钟。我反复试制了五个，让检验的师傅测量后合格，这就算是学会了。

因刚开始做这个工作，精神很紧张，我感觉很累。下午五点半下班，我坐上公交车换两次车，在大栅栏口下车，到家已是六点半了。这以后，我每天都六点起床，提前到厂，严格要求自己，不迟到不早退。按照厂内的一切规定去做。除了每周二、四上午去医院治疗外，不论天气，我都能提前到车间。

随着时间的推移，我和工人们都熟了，师傅们对我的谦和的态度，平易近人的的品质，很是敬慕。在车间里我尽可能地去帮助那些行动不如我的人，帮他们端水端饭和拿东西。帮助最多的是小萱和小遂，慢慢地她们对我不再敬而远之，而是特别愿意和我亲近，有时会把她们心中的苦恼也向我倾述。我便经常地安慰她们，帮她们排解苦闷，鼓励他们不要自悲，要自强，要有理想，要奋斗，争取美好的未来。但关于政治方面的事情，我从不表露自己的观点。工作上我更加认真。随着技术的提高和熟练，我生产线包的数量和质量，渐渐地在车间里名列前茅，成了熟练的老工人。

这个车间连我共有四个男同志。技修工李长青，二十五岁，完全靠双拐行走，两条腿像荡秋千一样，工作很卖力气。小萱偷偷地告诉我，他犯了错误，身上背着记过处分。原来是有一个刚进厂的女青年，姓侯的，与李长青搞对象，小侯去李长青家里时，两人发生了性关系，使小侯怀了孕。小侯父母告了李长青，说李长青诱奸了他女儿。李长青为此被厂处分记大过。再就是一位叫老刘的男师傅，也是个下肢残疾人，小时候因高烧抽风，导致双腿再也伸不直，只能半蹲着走路。此人非常地乐观，整天乐哈哈地唱个不停。嗓子不错，京东大鼓和北京琴书，都能唱几嗓子，是车间里的活跃分子。他那顽强的生命力，很使我佩服。这个车间里还有几个特殊人物，她们都是空军的军人家庭，自恃各方面都优于这些残疾人，高傲得很，其中有个姓严的军官太太尤甚。但她文化程度很低，言谈举止非常俗气。我抱着两个宗旨：一是和所有人都不近不远，保持一定的距离，对所有人都一视同仁，不参与他们任何的事情。坚持与人为善，尽力去帮助她们。二是勤勤恳恳地工作，经常是早来晚去，和大家同样加班加点，不拿额外的报酬，不搞任何特殊，完全和他们融合在一起。因此我受到他们的尊重，都叫我张老师。

在福利厂劳动期间，国家发生了两件大事。也是震惊世界的重大事情。一是美国总统访华，中美关系解冻，二是林彪坐飞机叛逃，在蒙古温都尔汗坠机身亡。

一九七一年夏，美国国务卿基辛格在访问南亚时，突然秘密访问中国，为美国总统尼克松访华铺路。七二年二月，尼克松和夫人访华。北京城顿时紧张起来了，保卫工作极其严格。当局最怕文革中受到不白之冤的人们趁此闹事，把他们都严格的控制起来，让他们都呆在单位，绝对不能随意上街。来北京的上访人员和乞丐，都轰出北京。福利工厂内的形象不好的残疾人，也都给软禁起来，不准出厂。各单位组织大家整天开会，传达上级的指示和精神，并规定了对美国人的态度：不卑不亢，不离不弃，不远不近。

尼克松在京访问期间，各单位都派青年人和形象好的中年人，穿上最好的衣服，到最繁华的王府井，大栅栏，前门，东单，西单的繁华商业区，冒充顾客购物，给人感觉，文革时期的中国是繁荣昌盛的。一天美国总统夫人要到料器厂参观，与崇文福利厂是正对门。这下福利厂紧张起来，就怕尼克松夫人突然灵机一动，顺便到福利厂里去参观。于是让政府工作人员穿上工人的衣服在厂里假装忙活，把所有残疾人都关在库房里。即便如此，还怕出问题，便把福利厂的牌子摘下来，换成"

库房重地，闲人不得入内"的牌子。真是可悲，把活的中国人都变成了物品藏起来不能见人。

七一年的九月份，林彪和家人坐飞机准备叛逃到苏联，在外蒙古的温都尔汉地区，飞机坠落，机毁人亡。林彪和家人当场摔死。这一事件使全国人民惶恐不安，因为昨天还被人们捧上天的副统领，毛主席的接班人，为什么要夺权、叛逃呢？人们都转不过弯来。林彪死了之后，全国的大小报，千篇累牍的文章揭露林彪的罪恶，出了很多的内部文件，让人民学习。大会讲，小会讨论，说林彪为了抢班夺权，要刺杀毛泽东，要搞军事政变。林彪的一切功劳和战绩都成了假的。他又成了冒牌的军事家，伪君子，死有余辜的千古罪人。

十九　重回教育岗位

七零年[3]十月份,学校通知我,结束福利工厂的劳动,回学校工作。当时我的思想很矛盾,我在福利厂工作得非常愉快,这里人与人之间,没有可怜和同情,更没有歧视,人格都是平等的。尽管身体很累,但精神很轻松。车间里的所有师傅与我的关系都非常好,都很尊敬我。如果回到学校,领导对我如何?我曾多次与于校长发生冲突,以后校长对我如何,会不会报复我,会不会给我穿小鞋?同事们如何看我?会不会看不起我?我不想回学校,想趁此调入福利厂当一辈子工人。

学校把我的请调,反映到前门文教科,没想到文教科长刘

---

[3] 与前文时间冲突。

泽亲自来工厂找我谈话，做我的思想工作，希望我回学校，并保证学校的领导和同事不会歧视我，会一视同仁的。说凭我的知识和才华，最好回学校当老师，在这里一辈子做不动脑子的手工活，实在太可惜了。福利厂厂长也劝我回学校工作为好。他告诉我"在学校当半年老师，你转正后便会拿三十七元，再过二年就能升到四十二元，所以在学校工作还是值的。"这些话说到我心里了。为了工资也应该回学校。还有，尼克松夫人到料器厂参观时，国家对残疾人的歧视态度和做法，使我心中极其不舒服，有很长的时间都感悲伤。想到这些，我便答应回学校工作。

当天下午，厂里为我开了欢送会。分厂书记表扬了我这一年的表现，工人师傅们对我都很恋恋不舍，小宣和小遂在发言时还掉了眼泪，使我很感动。临别时他们把我送到了厂门口。厂长派王师傅用三轮车把我送回家，我从此告别了工作了一年三个月的福利工厂，结束了接受再教育的劳动。

在家休息了一周后，我便到东珠口小学上班了。学校让我负责学校小工厂的管理，当培养学生劳动观念的老师，同时负责小工厂的账目。文革后期，要求学校培养学生的劳动观念，各学校都设立了各式各样的小工厂，从小学就增加劳动课。东珠市小学专门为同仁堂加工装药丸的小纸盒。我负责劳动课的学生们的纪律和账目。此外，学校利用我写字好的特长，还让我负责全校的试卷和复习材料的钢板刻写工作。

小工厂就是我刚毕业时上课和做教学的那个教室。刚当老师时的英姿勃发的样子历历在目。物依旧人已变，我心里很不是滋味，但也只能面对客观现实。我制定编写了学生劳动须知和注意事项共计十五条，用毛笔楷书很工整地写在大字报上，贴在教室最显眼的地方。在黑板上用彩色笔写了"劳动光荣"四个大字。同时把有关劳动的主席语录，写成标语贴在教室墙上，用桌椅码成工作台和质量检查台。二年级以上的学生按班级在班主任带领下，每班劳动半天。每次学生来，我都不厌其烦地让学生朗读劳动须知和主席语录。为了活跃劳动气氛，克服这种机械的简单的手工产生的烦躁感，允许学生小声交谈，讲故事或小声哼歌，使学生感到劳动的快乐。那些班主任认为调皮捣蛋的学生，在劳动课上表现得反而非常好，我便当场表扬，把他们评为劳动小能手。每堂劳动课都上得很好，学校领导和老师们对我的劳动管理非常满意。我感到我是有用之才，不是废物。更使他们惊讶的是，我的钢板刻得极好，字迹工整清晰，大小整齐一致，像铅字印刷一般。一直对我有成见的于校长，也不得不承认我的能力和素质。

尽管我能拄手杖行走，但不能跳不能蹦，不能跨越障碍物和沟坎。七一年，学校门前的大街铺设大型地下水管和排污管道，从珠市口到磁器口的整个三里河大街，形成了二米多深三米宽的大深沟，自行车都无法骑行，也得绕路而行。这年的初春，大雪覆盖了整个京城，太阳一出，积雪融化，走在路上特别地滑,再加上施工使路面高低不平,道路更难走了。正常腿脚的人,稍不注意便会摔到沟里去。我每天走得小心翼翼。一天下午放学后,我出学校门向西走,没走多远便滑倒了,摔到二米多深的沟底,路上的行人和施工的工人见状把我从沟底救出来。幸好四肢没有受伤,只是浑身是泥。我校刘静敏老师看到,一直搀扶着我把我送回家。刘老师向于校长反映了我的情况,希望学校暂时让我在家休息,等路修好后再上班。于校长表示,让我继续工作,引起很多老师的不满。我只能坚持上班。一站地的路程,我要走上半小时之久。

刘老师每天都按时接送我,整整有一个月,我很感激她。她也非常敬佩我,我们的关系一直非常好。后来学校的老师们看到我上下班挤公交汽车的不便,如遇雨雪之天更是艰难的情况,以工会的名义向学校领导提议,让学校暂时借款给我,帮助我买一辆残疾人手摇三轮车,以车代步。尽管校长不情愿,但迫于全体老师的人道压力,同意暂时借我一百元,我自己又拿出一百多元,买了辆三轮车。贺老师为了我出入方便,把学校的门槛和台阶去掉,改成斜坡道,我非常感激他们。

自从我回学校工作后,家庭有了很大的变化。住房条件改善了,搬到了廊坊三条的近二十平米的两间住房中。儿子张雷也上了小学,尽管很淘气,但功课还不错。为了张雷的成长和教育,我把他转到我工作的东珠市口小学上学,每天生活学习在我的身边,各方面都有了安全感。淑琴也从门头沟调入北京拉锁厂的医务室，工作很顺心，很受厂内工人们的尊重。我过上了团圆安定的家庭生活。

为了增加收入，改善经济情况，淑琴利用工作之便，把拉锁头带回家，做外加工活。拉锁头不是铜的就是铁的，非常沉重。从工厂到家的路足有十多里，每次淑琴用自行车驮回来，非常辛苦。还有两次与公交车相碰，人车摔到在汽车下，极其危险。目睹此景的人，都被吓出一身冷汗。我也利用工作之余，在家叮叮当当地做起了拉锁头的加工活。每天都干到很晚，为的是多挣一点钱。我们尽管都很累，但经济收入增加了，也就乐在其中了。我们非常地和睦幸福。只是年近四十的淑琴，很想再生个孩子，曾经怀孕两次都流产了，这是终身的憾事。

文革结束，邓小平上台后，中国的形势终于稳定下来，各企事业单位都走上了正轨，抓革命，促生产。各行各业都重现生机，教育战线也真正走上了正轨，恢复到文革前的体制中，把教育分成校内和校外两个部分，区教育局特意成立了区少年宫和少年之家。崇文区成立了一个区少年宫和四个少年之家：东花市少年之家，体育馆路少年之家，天坛少年之家，和前门少年之家，各自负责各地区的中小学的校外教育和活动。前门地区的街道办事处文科教，成立了前门少年之家。对这个新鲜事物，地区领导非常重视，文教科科长亲自主抓，从各学校抽调有特长的老师来少年之家当老师。我得此消息之后，便给文教科长刘泽写了封信，请调工作。我和刘泽曾有一面之交，他曾亲临福利厂劝说我回学校工作，对我的印象很好，认为我有一定能力和才华。他接信后，便欣然同意了，把我调入前门少年之家。我便成为了前门少年之家的元老级的老师，一直工作到退休。

少年之家设立了很多兴趣小组，由不同的老师负责。美术小组的教师是从中央美院附中毕业的彭老师，她专业能力很强，后来被调到美术职高任教。音乐组和民乐组是于凤玲老师任教，她的手风琴演奏水平很高，同时胡琴和笛子的水平也很好。舞蹈班是陈老师任教，她是文艺骨干。航模组由张金生老师担任教学工作，他是圈内有名的能工巧匠，而且还有美术和无线电的基础知识，是个多面手。无线电组是王琳老师任教，她是党员，人际关系很好。我负责图书组，还是我喜欢而又很熟悉的工作。总之，这些老师都是有专业而且非常能干的人。教育局和前门地区拨了专款，整修了教室，置办各兴趣小组的设备。我们图书组让木工做了书架，购买了大量图书，包括少儿读物和成人读物及古今中外名著。

少年之家很重视图书组，将图书组设立在刚进门的屋子里，位置很显眼，屋子有二十多平米，四周都码放整齐的图书，中间放着兵乓球台，用来作为工作台、阅览台和会议桌，很像个小型图书馆。新书一来，我便开始拼命工作。我没有按国家的编排方法，因为那样太繁琐不适用。根据我过去在图书馆帮工时的经验，我自创了一套编号法，很方便可行。我按着自己的方法，把图书分门别类地进行登记编号，贴书号，写书卡，弄得有模有样，清清楚楚。然后给各学校发了学生和老师借阅证。虽然整理工作非常辛苦，但我乐在其中。图书的上架码放，我都自己独立完成不求人。老师们都很赞赏我的自强精神。

　　三个月的筹备工作结束，便正式开张工作了。我们负责七所小学和三所中学，学生们报名很雀跃。每到下午四点后或周日，少年之家便热闹起来，出出进进的学生很多。来我这里借阅的学生和老师络绎不绝，成群结伙。因为其他少年之家没有设图书组，故而我的图书组影响很大，很多外地区的学生和老师都来借阅。区教育局很看重我这个图书组，对我的工作非常满意。

二十　以书法立身育人

我们的工作忙碌主要是在下午，每天的上午是没有学生的，老师们都在各自的屋里，自我进修，干自己愿意干的事情，心情很轻松。老师们之间都很尊重，很和睦。这时我除了看书便开始用报纸练写毛笔字。

自感写毛笔字是我的特长，我利用活动经费，买笔买字帖，每天临帖两百字，这是我给自己规定的任务。颜、柳、欧、楷书我都临写，越临越着迷，练到废寝忘食的程度，每天早来晚走，中午不休息。功夫不负有心人，我写的字大有长进。一年后，少年之家调来了新书记。她是个老知识分子，在文革中受到冲击，落了一身的病。书记特别喜欢书画，她发现我的毛笔字写得很好，很有功底，便建议我开设书法小组，教书法，培养学生。

在书记的坚决支持和鼓励下，我便开始招生。报名的人很多，但因屋子小，条件有限，只招收了十几名学生，在图书室上课。这样每周活动一次，我身兼两职。我很累，但很愉快。这两项工作都是我最喜欢做的事情，在这里工作出入方便，又是坐着，不用求别人，令我有种独立感，自卑感少了很多。虽然我的身体差，但我是独担二职，比那些精兵强将的老师都不差。一年后的五月份，崇文区搞了文革后的第一次中小学书法比赛，我的十二名学生都参加了比赛，其中两个分别获得了一等奖和二等奖，为学校争得了荣誉。我也增强了信心，接着便增加了招生人数，由一个班变成了两个班。

不到两年，教育改革随着局势的发展完全回到了文革前的教育体系，小学教育也完全归教育局管理，前门少年之家直属区教育局校外办领导，一切真正走向正轨。新上任的校外办主任突发奇想，要把少年之家的综合教育变成单一的专业化教育：将东花市少年之家变成科技馆；天坛少年之家改为少年音乐中心；我所在的前门少年之家改为少年图书馆。教育局特意拨款，把过去破旧的四合院进行了改建，改成都是北房的排房，院子整齐，屋内光线充足。撤销了所有的专业小组。这样一来，前门少年之家那些有特长的老师感觉再次没有前途了，便纷纷要求调离，回原小学教书了。我留在了新的少年图书馆，以我和谢振英老师组成排编组，负责图书的购买和分类登记、编号、和制作图书卡。领导还特意让我到宣武区少儿图书馆和崇文区图书馆去学习参观，并参加了国家图书馆关于如何分类，如何编号，如何制作书卡以及国家统一的编排方法的培训学习。初创阶段，我和谢老师成了中流砥柱。经过半年的准备，前门少年图书馆才开张。课外读物是最受广大学生和老师们欢迎的，每天下午课余时间，这里的学生川流不息，很是热闹。

刚走入正轨，教育局领导又换人了，新领导认为这样集中专业化的安排不好，不能使更多的学生获利。要回到办综合培养的道路上。上面一句话，下面便翻天覆地的动起来了。"前门少年图书馆"的牌子被摘掉，换上我新写的"前门少年之家"的牌子又回到了多学科的综合性的办学道路上来。前门少年之家设立了书法组、舞蹈组、合唱组、美术组、摄影组、手工组，把我的书法组放在前院最显眼的地方。我从此开始了真正的书法教学工作。

当时我的学生最多达到过一百三十人。因教室容纳人数有限，周六、周日全天和周二、周四晚上，共分成四个班上课。我讲课的方式是开放的，家长可以随孩子一同听课。家长听明白了，有利于帮助学生的练字，能更好地完成老师布置的任务。久而久之，很多家长也成了书法爱好者，也变成了我的学生。

我的学生越来越多，超出了前门少年之家所管辖的地区，北京各城区都有学生和家长慕名而来，真有点酒香不怕巷子深的感觉。我的授课不是千篇一律的，我会根据孩子的不同性格和爱好，让他们学不同的书体，这样学生就进步快。我有六十多名学生分别获得全国、全市的一、二等奖，曾代表中国小学生，到日本、韩国、朝鲜、香港去交流访问。第一届国际国内书法展览，是在天安门广场旁的历史博物馆里展出，规格非常高，内设有历代名人名家的真迹厅，国际国内名家的墨宝厅，还有一个厅是现代青少年书法厅，有一百幅作品，我的学生有二十多人的作品入选参加展出。在开幕式那天，李鹏总理，李岚清副总理，中国的政协和北京的政协领导和委员都来参观了。这次书法展是史无前例的，展期为十天，参观的人很多，影响极大，我被组委会评选为优秀指导老师。

这个时期是我教学成长最快最突出的时期。为了提高自己的书写水平，为了适应教学的要求，我大量地临帖，篆、隶、草、行、楷都要临，都要学，尤其是楷书的欧、颜、柳、赵四种不同风格的书体，我下功夫最大，花时间最多，因为楷书是学好其他书体的基础，必须要学精。例如学颜体，我把颜真卿在不同时期的代表作都给临了很多很多遍，多宝塔碑，颜勤礼碑，麻姑仙坛碑，都临了无数遍，这样才能掌握颜体的真正特点。我要求自己：

一是多读书法理论的书籍和杂志，提高理论水平，做到明书理，同时提高艺术欣赏水平，只有眼高才能手高，退笔如山未足珍，读书万卷始通神。我就这样克服了书法教育没有教材的困难,自己编写了楷书入门的教材。

二是潜心研究,寻找楷书结构的规律,由此创编了楷书从规划线法的教学方法,克服并摆脱了古人讲书法结构的概念化和抽象笼统化,将之变成学生能看得到摸得着的东西,使学生进步飞快,成绩卓绝。

三是克服身体的困难,不允许自己因为身体而影响工作。这些年里我搬家越搬越远,七三年由钱市搬到廊坊三条,八二年搬到清华街,九二年搬到距工作单位有十多里的方庄,我都努力克服困难,不论刮风、下雨还是下雪,我都没有耽误过上班和讲课。

我的努力得到了学校、教育局和学生家长的认可。这些年来,我多次被评为区、市级优秀教师,还曾获得北京市百名道德教育模范教师,这一奖项整个崇文区只评上七名。这一年我在全区的教职工大会上做了述职报告,当年春节还被邀请参加了全国教育工作代表的宴会,受到李岚清副总理的接见,《北京晚报》上和《北京新教育报》、北京广播电台都曾报道了我的事迹。这时期我还有六篇书法教育的论文获奖并发表在北京校外教育的杂志上,被特聘为书法教育理论学会会员。我还潜心自学了篆刻,集创了百余方印的印谱,还编撰了历代书法家的趣闻轶事,集合历代书法家论书句语撷集,同时编写了楷书笔画和结构的七字诀集。二零零二年退休,收到退休证时我心情澎湃,故写下退休有感诗一首:

篾月飞逝六十春，笔墨耕耘鬓如银。
自惭体残才智浅，但喜芝兰品德纯。
深研书法欲传人，教育英才图济世。
华夏正当飞腾日，报国常怀赤子心。

我虽办了退休，但学校领导极力挽留我，希望我继续为学校做贡献。这也正合我意，因此我继续留在学校教书法。这时我的学生不单纯是孩子了，还有一些是成人书法爱好者，都是慕名而来的。

不过，因忙于工作和上课，我锻炼的时间减少了，再加上随着年龄的增长，我行动很吃力了，经常摔倒，从此坐上了轮椅。

二零零六年，因拆迁，前门少年之家被撤掉，我总算彻底离开了学校，真正退休了。但有十几名成年学生跟随我到家中，继续学习。我当起了家庭教师，给我晚年生活带来了快乐。我的家庭也有了很大的变化，儿子张雷大学毕业后，分配到一七九电器职高当老师，后来调入了物价局，做了公务员。娶妻周立波，生女儿张靖文，我得享天伦之乐。

二零零九年六月份，我在家不慎摔倒，右腿骨折，住进东方医院骨科手术治疗。八月份出院后，便以轮椅代步了。我躺在东方医院的病榻上时，仔细地回顾了自己坎坷的一生。这一辈子，我有快乐有苦难，有致命的打击，也有意想不到的奇迹，有自强不息的奋斗，也有精神和事业的收获。在病床上，我感慨万分，便写下了总结一生的诗句：

少年鸿鹄欲冲天，奋发苦学获金牌。
华年折翅坠深渊，身心残疾苦不堪。
中年书法有转意，自强不息有成绩。
老年腿折又遭罪，家庭温馨甚欣慰。
吾省终身无愧事，道德为本永不弃。
惊问苍天可有眼，为何鞭打无罪人。

www.ingramcontent.com/pod-product-compliance
Lightning Source LLC
Chambersburg PA
CBHW020421010526
44118CB00010B/353